本书感谢教育部人文社科青年基金项目“空间分布、关联交易对会计透明度影响研究”（项目编号：20YJC630098）的资助。

XINCHOU QIYUE ANPAI YU CAIWU CHONGSHU

薪酬契约安排与财务重述

马　晨　李晨溪　谷思琪　著

中国财经出版传媒集团
中国财政经济出版社

图书在版编目（CIP）数据

薪酬契约安排与财务重述／马晨，李晨溪，谷思琪著．--北京：中国财政经济出版社，2020.7
ISBN 978－7－5095－9758－3

Ⅰ．①薪…　Ⅱ．①马…　②李…　③谷…　Ⅲ．①上市公司－财务管理－研究－中国　Ⅳ．①F279.246

中国版本图书馆 CIP 数据核字（2020）第 061775 号

责任编辑：马　真　　　　　　责任校对：胡永立
封面设计：智点创意

中国财政经济出版社 出版
URL：http：//www.cfeph.cn
E－mail：cfeph@cfemg.cn

社址：北京市海淀区阜成路甲 28 号　邮政编码：100142
营销中心电话：010－88191537
北京财经印刷厂印装　各地新华书店经销
880×1230 毫米　32 开　5.75 印张　130 000 字
2020 年 7 月第 1 版　2020 年 7 月北京第 1 次印刷
定价：25.00 元
ISBN 978－7－5095－9758－3
（图书出现印装问题，本社负责调换）
本社质量投诉电话：010－88190744
打击盗版举报热线：010－88191661　QQ：2242791300

前言

财务重述是指上市公司修正前期会计差错的过程，如果上市公司对过往期间的定期财务报告进行重述，说明当期财务报告质量较低。财务报告是上市公司与投资者之间信息沟通的桥梁与纽带，其真实性和可靠性至关重要，往往影响着投资者的信心。财务重述现象的出现会直接影响投资者对上市公司的信任程度，使得上市公司遭受严重的声誉损失，导致公司市场价值减少，资本成本提高。尽管财务重述会产生严重的经济后果，并受到严格的监管，但管理层通过财务重述实现自身收益最大化的行为时有发生，并呈现上升趋势。这种财务重述行为表明公司的内部控制机制或公司治理方面存在缺陷。通常情况下，上市公司发生的财务丑闻往往和高管薪酬的设计密不可分，上市公司高管有可能忽视公司股东及投资者的切实利益，采取粉饰报表、利润操纵的手段来追求自身利益的最大化。因此，上市公司在高管薪酬的设计和实施过程中，应当对上市公司薪酬制度给予足够重视，从而减少甚至避免财务重述行为。总体而言，本书达到了预期的研究目的，对深化和拓展薪酬契约、财务重述的研究具有一定的理论与现实意义。

与已有文献相比，本书的创新之处体现在以下几方面：

第一，已有文献主要关注薪酬差距对公司业绩的影响，例如：锦标赛理论指出薪酬差距较大时，能够激励组织内的人员更加努力地提升绩效，即薪酬差距对企业绩效是一种正效应。而较少有学者关注其对会计信息质量的影响，本书重点关注薪酬差距对会计错报的影响，并且进一步区分了高管之间以及高管与员工之间的薪酬差距对会计错报的影响。补充了有关薪酬差距、财务重述方面的研究内容。

第二，以往的研究大多分别关注 CEO、CFO 个人特征对财务报告质量的影响，单纯关注 CEO 而忽视 CFO 的影响或单纯关注 CFO 而忽视 CEO 的影响所得出的结论可能是有偏的。薪酬动机会使得 CEO 与 CFO 都有意愿去操纵报表以实现个人利益，薪酬动机还会使得 CFO 更加去履行自身作为财务监督人的职责。因此，本书在分析 CEO、CFO 薪酬契约安排动机影响的基础上提供 CEO、CFO 薪酬契约安排差异对会计错报影响的证据。除此之外，鉴于 CFO 在会计操纵方面的重要作用，本书进一步将 CEO 与 CFO 薪酬契约安排动机结合起来，深入分析二者薪酬契约安排差异对财务报告质量的影响。这拓展了有关 CEO、CFO 薪酬问题的研究成果。

第三，本书的研究发现随着 CEO 与 CFO 权力差异的增加，反而会弱化 CEO、CFO 薪酬契约安排差异对会计错报的影响，表明当 CEO 权力相对于 CFO 越大时，CEO 会通过其他渠道实现机会主义行为，而不仅仅围绕薪酬契约、会计报表操纵，这进一步拓展了关于管理层权力方面的研究内容。

第四，本书发现相对于非财务重述公司，财务重述公司在重述后的基于会计业绩的薪酬业绩敏感性降低，而基于市场业绩的薪酬业绩敏感性上升。并且财务重述对薪酬业绩敏感性的影响在国有企业中要弱于非国有企业。补充了有关财务重述、薪酬业绩敏感性方面的研究内容。

马晨撰写了本书第1章至第4章、第5章部分内容，李晨溪与谷思琪分别撰写了第5章剩余部分与第6章的内容。

目录

第1章 绪 论

1.1 研究背景

财务重述被界定为公司重述之前发布的财务报告存在虚假信息、误导或遗漏了相关重要的信息，而后主动或被动进行财务更正的事后补救行为。财务重述能够使公司的会计信息更为准确和可靠，但同时也意味着公司承认前期报表中存在错误。因而财务重述会损害投资者的利益，降低投资者的信任程度，使得股票价格下跌甚至影响资本市场的健康发展和上市企业的生存发展。会计错报的发生和更正其实是财务重述的两个阶段，即差错发生期与差错更正期。薪酬契约安排在两个阶段都发挥着举足轻重的作用。这几年，我国资本市场出现众多财务舞弊丑闻，对中小投资者造成重大影响。通常情况下，上市公司发生的财务丑闻可以被归结为高管薪酬契约的设计。因此，倘若能发现薪酬契约安排与会计错报之间的关系，则可能有助于改善我国上市公司的治理状况以及完善资本市场健全制度。本书立足于我国特殊的制度背景，关注在会计差错发生期与会计差错更正期薪酬差距与财务重述的关系。本章首先总结了本书研究的理论背景和实践背景，然后针对研究现状提出本书的研究意义，并在此基础上指出本书要解决的主要问题，进而阐述本书的主要研究内容、方法和框架。

1.1.1 实践背景

（1）财务重述的重要性与薪酬契约安排问题。

经过近 20 年的发展，我国的资本市场日益壮大，其地位与日俱增，截至 2018 年底境内上市公司已达 3567 家，股票市价总值达到 48.67 万亿元，流通股票市值达到 32.33 万亿元。可见，股票市场已成为我国企业融资的一个重要渠道，其健康发展也成为事关国计民生的重大问题。资本市场的快速发展对会计信息的可靠性和相关性也提出了更高的要求。会计信息是投资者估计公司价值的重要信息来源，提高会计信息质量有助于改善投资者决策的相关性和可靠性。高质量的会计信息通过改善契约和监督，可提高公司投资融资效率，降低资本成本。同时，高质量的会计信息可以抑制噪音对股票市场的影响，减少市场波动，提高市场效率。因此，会计信息披露是制定有效契约和保护投资者利益的一项重要机制。上市公司的会计信息不但具有信息含量，对股票价格产生影响，而且会计信息也是公司契约订立及修订管理层薪酬等方面的重要参考依据，往往成为管理层操纵的对象。

投资者获得会计信息的主要途径就是上市公司对外披露的财

务报表，其真实性和可靠性就显得至关重要。然而，近年来，财务报表重述却对财务报表的真实性和可靠性提出了质疑。美国证券交易委员会（SEC）（2002）将财务重述列为导致投资者对财务报告和市场效率方面丧失信心的重大因素。许多实证研究证实了财务重述会引起股价的下跌（魏志华、李常青和王毅辉，2009；Frieder 和 Shanthikumar，2008）。财务重述常常会引起对公司以前年度财务报表可靠性的质疑，通常伴随着舞弊，不但引起投资者和分析师重新评估公司未来的盈利情况，还会降低对报告盈利质量的信心。

薪酬契约安排问题属于公司治理和委托代理理论研究的重要内容。由于公司两权分离制度，将公司业绩与公司高管薪酬契约互相关联能够在一定程度上促使双方目标利益保持一致，对于企业来说，激励机制的设计最主要的就是管理层薪酬制度的设计。近年来，中国上市公司高管薪酬一直备受争议，2007 年中国平安高管马明哲以年薪 6616.61 万元人民币居首位，成为名副其实的“打工皇帝”。面对社会上的舆论与压力，国家有关部门紧急出台一系列法规以规范上市公司的高管薪酬，然而，薪酬管制真的能够起到积极的作用吗？CEO、CFO 的薪酬契约安排动机以及二者的动机差异是否能够对会计信息质量产生影响？与此同时，已有研究表明，财务重述可能是公司高管粉饰报表、利润操纵的手段，在有效的资本市场中，公司外部市场可能会识别管理层财务重述行为并进行惩罚，与辞退或变更高管相比，对高管的降薪措施可能是一种成本更低的有效方式；实际上，财务重述等不当行为恰恰体现了高管的低努力程度（Holmstrom，1979），这也必然会反映到高管与股东和董事会的薪酬契约中，进而使得公司股东或董事会对高管薪酬契约安排进行重新考量。因此，当发生财务重述时，上市公司将很有可能变更公司高管薪酬业绩敏感性并寻找其他业绩指标以评估高管薪酬，以改进公司业绩和弥补遭受损害的声誉资本。

一方面是财务重述案件的频繁发生，另一方面是对上市公司高管“天价薪酬”的非议。这种信息披露的不健全与善后的敷衍造成的后果，只能由投资者来买单。投资者会对上市公司、资本市场渐渐失去信心，最终给国民经济带来严重的不利影响。薪酬差距与会计错报之间究竟是何关系？CEO 与 CFO 薪酬契约安排动机及其差异对会计错报有何影响？在公司发生财务重述后，是否会考虑调整薪酬业绩敏感性或寻找其他业绩指标以评估高管薪酬？这些问题都值得深入探讨和研究。

（2）财务重述的监管和薪酬契约的安排。

上市公司的财务重述问题引起了政府和相关监管部门的高度重视。在美国，鉴于证券市场频繁发生的严重财务舞弊事件，2002 年 7 月 25 日，美国总统布什签发了《萨班斯—奥克斯利法案》（Sarbanes – Oxley Act），在提升信息披露质量、强化审计监管等方面了作出了规定。这在一定程度上加大了上市公司和会计师事务所操纵报表的成本，也为财务重述带来了难度。

随着我国资本市场的不断发展，证券市场监管相关的法规越来越多。其中与财务重述有关的法规主要经历了三次重大改革。第一次改革为 1999 年 1 月 1 日实施的《企业会计制度》，其中规定：重大会计差错会使得以前发布的财务报表不再值得信赖。一般来讲，重大会计差错具有较大的数额。如果一项差错占到了交易数量的 10% 或以上，这种数量就会被认为是重大的。这项会计制度首次提出了会计差错的概念，并给出了会计处理的具体方法，但它只要求上市公司将会计差错披露在财务报表附注中，导致了信息披露的不健全。第二次改革是中国证券监督管理委员会于 2003 年 12 月 1 日发布的《公开发行证券的公司信息披露编报规则第19号——财务信息的披露及相关更正》，其中规定上市公司应当以重大临时公告的方式及时披露更正后的财务信息。但是这个时期财务重述制度还没有上升至准则的高度。第三次改革是2007年1月1日实施的《企业会计准则第28号准则——会计政策、会计估计变更和差错更正》，规定“前期差错通常包括计算错误、应用会计政策错误、疏忽或曲解事实以及舞弊产生的影响，以及存货、固定资产盘盈等”，“企业应当采用追溯重述法更正重要的前期差错，但确定前期差错累积影响数不切实可行的除外”。这项准则首次正式提出了“追溯重述法”的概念，表明会计准则与监管部门的趋同，意味着财务重述制度的正式建立。除此以外，中国证券监督管理委员会于2007年1月30日发布了《上市公司信息披露管理办法》，将因前期已披露的信息存在差错、未按规定披露或者虚假记载，被有关机关责令改正或者经董事会决定进行更正的情形归为重大事件。进一步地，中国证券监督管理委员会于2010年发布《公开发行证券的公司信息披露编报规则第15号——财务报告的一般规定》（2010年修订），其中规定，本期发现的前期会计差错，采用追溯重述法处理的，应当披露前期会计差错的内容、批准处理情况、受影响的各比较期间报表项目名称、累积影响数；采用未来适用法处理的，应披露重大会计差错更正的内容、批准处理情况以及采用未来适用法的原因。此外，证监会还要求各上市公司执行《年报信息披露重大差错责任追究制度》，强化信息披露责任意识，加大对年报信息披露责任人的问责力度。这些规定对于财务重述、会计差错相关会计信息透明度的提升发挥了关键的作用。

尽管财务重述制度已正式建立，但高管薪酬机制的激励作用在中国资本市场上还有待检验。不同于西方，首先，我国高管薪酬呈现压缩式的格局，前者薪酬差距远远大于后者，我国近年来出现薪酬差距急剧扩大，财富分配极不平衡的两极化收入分配结构，部分行业企业高管收入增长偏高，水平过快，与 GDP 的增长和社会平均工资水平差距较大（王素娟，2014）。其次，我国是社会主义国家，关注内部公平性，考虑到我国长期以来的集体主义文化、追求公正与和谐的历史文明，目前绝大多数的中国企业还是采用了相对平均化的高管薪酬分配方式，行为理论在解释高管薪酬差距时更为有效，行为理论重点探讨薪酬差距对团队合作的影响，提倡缩小薪酬差距，即高管总现金薪酬相对差距越小，公司绩效表现越好（胡玲，2012），不太考虑高管薪酬差距所具有的激励效果。最后，中国上市公司的治理结构因素（管理层持股、股权集中度和企业最终控制人性质）对于业绩的影响力往往远超于高管薪酬级差报酬的效用。因此，如何合理改变薪酬结构的确定机制、改革高管薪酬激励机制和高管薪酬级差安排与绩效的衔接机制以及调整薪酬业绩的衡量指标，使之在保证内部公平的前提下提高上市公司效率是当前上市公司面临的一大考验。

上市公司的财务重述行为降低了会计信息的可靠性和真实性，从而降低资本市场的健康度。尽管相关监管部门针对财务重述制定和颁布了抑制会计错报发生、会计差错更正的法规和规定，但上市公司的财务重述现象还是层出不穷。另外，CEO 会监督 CFO 选择对公司价值最大化的会计行为，通过高效的竞争获利从而达到提升绩效的结果，这将有利于提升会计信息质量。与此同时，CEO 权力越大则质量提升效应越显著，在这样的情况下，CEO 与 CFO 的权力差异较为明显。CEO 与 CFO 薪酬契约安排动机及其差异对会计错报有何影响？薪酬差距与会计错报之间究竟是何关系？在公司发生财务重述后，是否会考虑调整薪酬业绩敏感性或寻找其他业绩指标以评估高管薪酬？研究这些问题具有非常重要的实践意义。

1.1.2 理论背景

面对日益增长的财务重述问题，学术界在不断地进行着探索。财务重述分为两个阶段，会计错报发生期与会计错报更正期。会计错报一旦被披露，就是财务重述行为，因此，两者在本质上是一致的。财务重述问题一直是会计学界以及审计学界研究的重点热点问题，尤其是对其影响因素和经济后果的研究可谓是汗牛充栋。已有研究表明财务重述不仅受到董事会特征、股权结构、薪酬激励以及外部审计等方面的影响，而且在企业价值、信息风险等方面有着重要的经济后果。结合已有财务重述、会计错报方面的学术文献，尽管研究成果非常丰富，但是从中不难发现研究的深度不足。研究内容：侧重公司是否有会计错报或重述，而未能深入分析造成这种错报的原因，是人为疏忽还是机会主义行为，这些不同的原因会对结果造成实质性的影响；研究视角：围绕上市公司本身的层面进行影响因素研究，忽视了薪酬契约安排对会计错报的影响以及财务重述后薪酬业绩敏感性的变化以及是否寻找其他业绩指标以评估高管薪酬的行为方式。内外部治理固然会影响到会计错报，但薪酬契约安排与财务重述之间的联动关系不得不考虑。研究层次：侧重单方面研究 CEO 或 CFO 薪酬激励对财务重述的影响，上市公司财务重述行为是否会对 CEO、CFO 薪酬产生影响，以及高管的降薪效应主要施加于 CEO 还是 CFO。而且未能考虑高管薪酬差异、权力配置差异与会计错报发生的联系及发生错报背后的具体原因，是人为疏忽引起还是高管舞弊导致的会计错报？当上市公司发生财务重述后，调整高管薪酬业绩敏感性是一种抑制高管机会主义行为的措施。公司除了调整高管薪酬同会计业绩之间的敏感度外，上市公司还有可能试图寻找其他的薪酬设计方式，例如调整高管薪酬同市场业绩之间的敏感度。如果"一刀切"会使得报表使用者不再清楚具体什么原因导致公司发生错报，也不了解调整高管薪酬业绩敏感度的方式，调整高管薪酬业绩敏感度是否能够达到预期的目的也不得而知。总之，这些研究不论在研究内容、研究视角还是研究层次上都存在一定的局限性，使得我们对会计错报、财务重述的理解十分有限。本书认为，这不仅是中国会计学界财务重述研究中出现的问题，同时也会为西方相关研究提供借鉴。

1.2 研究意义

本书具有重要的理论意义和现实意义。

第一，理论意义。

将薪酬契约安排同财务重述结合起来，并区分会计差错发生期与会计差错更正期。薪酬契约差异、高管权力差异在一定程度上反映出组织成员所处地位以及参与事物决策的能力。有必要关注薪酬契约安排差异及权力差异大小与企业会计错报之间的关系。高管是否通过会计操纵实现财务重述还是通过其他机会主义行为，这些问题需要回答。同时，高管权力差异是否会影响高管薪酬契约安排差异对会计错报的影响作用？此外，上市公司在财务重述后可能会出于恢复声誉以及提升审计质量方面的考虑，以调整高管薪酬业绩敏感性。而如何选择调整高管薪酬业绩敏感性的方式以及调整后是否能实现上市公司的目的也是一个需要关注的问题。本书在继承和发展管理学、金融学等学科中已有的理论和方法的基础上，构建薪酬契约安排与财务重述的关系模型，深入剖析薪酬契约安排对会计错报、财务重述的影响，探讨财务重述后薪酬业绩敏感性的变化，并分析财务重述后薪酬业绩敏感性的变化能否实现预期的目的。本书有助于丰富和扩展薪酬制度与会计信息质量关系以及财务重述研究的内容和方向。

第二，现实意义。

会计实务界与审计实务界将从本书对薪酬契约安排、会计错报、财务重述与薪酬业绩敏感性变化关系的研究中，更为清楚地了解薪酬契约安排如何影响会计错报的发生与更正。本书剖析了财务重述与薪酬业绩敏感性变化之间的关系，并制定相应的对策以应对财务重述特别是薪酬契约安排与财务重述的问题，为薪酬体系的设计对会计错报的发生与更正提供政策建议。本书也有助于上市公司结合高管权力配置差异的特点，科学制定和实施各种决策，改善公司治理水平，提高会计信息质量；有利于监管部门针对上市公司制定更为有效的会计信息质量检查以及财务重述的监管策略；有利于投资者精确识别并区分上市公司调整高管薪酬业绩敏感性前后会计信息质量的差异性，进而增强对上市公司会计信息的解读和应用能力。

1.3 主要研究问题

尽管已有研究针对财务重述、会计差错等问题进行了分析和探讨，并初步探讨了薪酬契约与公司绩效之间的关系，但未能有效分析薪酬契约安排与财务重述两者之间的互动关系。即高管薪酬差距、薪酬契约动机以及CEO、CFO权力差异对财务重述的影响，财务重述后公司会主动调整高管薪酬绩效敏感性，但不仅仅局限于对会计业绩的薪酬业绩敏感性的调整问题。针对现实中存在的问题和理论研究的背景，本书提出如下研究问题：

第一，薪酬差距与会计错报之间存在怎样的关系？

本书将从高管与员工之间薪酬差距和高管之间薪酬差距两个方面着手，研究薪酬差距与会计错报之间的关系，进而揭示薪酬差距如何影响上市公司错报发生。进一步，当薪酬差距逐渐缩小，公司发生错报的类型也有可能会有所不同。

第二，CEO与CFO的薪酬契约安排对会计错报具有何种影响？

上市公司发生的财务丑闻可以归结于高管薪酬契约的设计。因此，CEO、CFO的薪酬契约安排动机究竟是否能够对会计错报产生影响，抑或增加代理成本，降低会计信息质量？同时，CEO、CFO在薪酬契约安排动机、权力大小方面都存在着差异，那么CEO、CFO之间的薪酬契约安排差异、权力配置又会如何影响会计错报？这些问题需要研究。

第三，财务重述后对薪酬业绩敏感性调整起着怎样的作用？

由于高管具有操纵盈余的动机，因此，高管薪酬同会计业绩之间的高度敏感性有可能是促进财务重述的重要因素。那么，财务重述后公司是否会重新安排高管的薪酬契约，以降低其错报动机？高管薪酬既可以建立在会计业绩上，也可以建立在市场业绩上，本书将从会计业绩、市场业绩两方面着手，分别研究相对于非财务重述公司，财务重述公司在重述后薪酬业绩敏感性的变化，进一步分析财务重述后薪酬结构变化在国有企业与非国有企业中的差异。

1.4 研究内容、方法及框架

1.4.1 研究内容

针对研究问题和研究目标，本书通过如下内容组织全文：

第1章为绪论。主要阐述研究的实践背景和理论背景，分析财务重述研究现状并指出其中的不足，提出本书研究的主要问题、内容和框架。

第2章为薪酬差距、薪酬业绩敏感性与会计错报的关系研究。基于中国上市公司财务报表发生错报的样本，检验了薪酬差距与会计错报之间的关系。发现薪酬差距会负向地影响会计差错。具体来说，高管与员工之间的薪酬差距负向影响会计错报，高管内部薪酬差距也会负向影响会计错报，表明薪酬差距较高时反而有助于会计信息质量的提高，从而减少会计错报。第2章的结论在考虑产权性质、高报/低报盈余，区分舞弊类与差错类错报，以及考虑薪酬监督后依然成立。结论表明，薪酬体系的设计，不仅仅是考虑薪酬差距的高低，同时也要关注薪酬差距的高低是否将管理层与员工的个人边际贡献考虑在内。

第3章为CEO与CFO薪酬契约安排、权力配置对会计错报的影响研究。检验了CEO与CFO薪酬契约安排对会计错报的作用机制，并考虑这种影响是否会受到CEO与CFO权力差异的调节。结果表明，CEO与CFO薪酬契约安排差异均会正向影响公司会计错报，且二者之间的薪酬契约安排差异对公司发生会计错报具有正向的影响；同时，薪酬契约安排差异对会计错报的正向影响会受到 CEO 与 CFO 权力差异的负向调节，CEO 权力越大于 CFO 时，CEO 越能够通过其他渠道实现机会主义行为，而不仅仅限于会计操纵。在这种情形下，CEO 与 CFO 薪酬契约安排差异对会计错报的正向影响作用反而会被弱化。此外，在进一步分析中还发现，随着 CEO 与 CFO 薪酬契约安排差异的增加，公司不但发生会计差错的概率会提升，而且在发生的差错中，更加可能是由舞弊而不是人为疏忽引起的。

第 4 章为财务重述对薪酬业绩敏感性的影响研究。检验了公司在财务重述后是否会重新安排高管的薪酬契约，以降低其错报动机。发现财务重述后基于会计业绩的薪酬业绩敏感性会下降，而基于市场业绩的薪酬业绩敏感性会增加。这些发现表明对于中国上市公司，积极的公司治理能够重新设计薪酬契约以限制高管的会计错报行为。进一步研究还发现财务重述对薪酬业绩敏感性的影响在国有企业中比在非国有企业中要较弱，说明作为缓解代理成本的一种工具，薪酬设计在降低高管机会主义行为的有效性方面会在国有企业中受到一定限制。

第 5 章为结果讨论。对实证研究结果进行了讨论，分析研究假设验证与否的原因，并说明其所反映的理论意义和现实意义。

第 6 章为结论与展望。归纳了论文的主要结论和创新点，提出了相应的政策建议，并说明了本书的局限性以及未来研究方向。

1.4.2 研究方法

本书的研究方法是以理论分析和实证研究为主，定性分析和定量分析相结合，综合运用经济学、管理学、财务会计学以及审计学等相关学科的知识，从明确概念内涵入手，在系统研究相关理论观点的基础上，提出薪酬差距、薪酬契约安排与权力配置对会计错报的影响、财务重述和薪酬业绩敏感性变化的分析模型。既关注模型要素之间关系的一般规律，又分别比较财务重述不同时段，薪酬契约安排与财务重述之间的动态关系。通过理论分析和逻辑关系阐述，提出研究假设，并借助均值T检验、相关性分析、回归分析等方法进行实证检验，最后对检验结果进行定性和规范分析。具体实证方法包括：（1）均值差异T检验。本书需要运用均值差异T检验对比分析财务重述公司与非财务重述公司在薪酬差距、薪酬契约安排以及薪酬业绩敏感性方面的差异。同时，该方法也可以与多元回归分析结果进行相互印证。（2）相关性分析。由于本书的主要目的就是揭示薪酬契约安排与财务重述之间的联系，薪酬差距、薪酬契约安排对会计错报的影响，以及财务重述后薪酬业绩敏感性的变化方式，因此为了能够更加准确地描述研究变量之间的线性相关程度，有必要通过相关性分析来计算变量之间的相关系数。（3）Logit回归分析。根据本书提出的问题，本书需要检验薪酬差距与是否发生会计错报之间的联系，揭示薪酬差距、薪酬业绩敏感性对会计错报的影响，还有检验财务重述后薪酬业绩敏感性变化的情形，这些需要用到Logit回归分析。（4）Probit回归分析。根据本书提出的问题，本书需要检验薪酬契约安排与是否发生会计错报之间的联系，揭示薪酬契约安排、权力配置对会计错报的影响，这些需要用到Probit回归分析。

1.4.3 框架

本书的研究框架如图1-1所示。

结构安排	主要内容
第1章 绪论	研究背景；研究问题的提出 ↓ 研究方法和框架的设计
第2章 薪酬差距、薪酬业绩敏感性对企业会计错报的影响研究	↓ 薪酬差距、薪酬业绩敏感性对企业会计错报的影响研究
第3章 CEO与CFO的薪酬契约安排、权力配置对会计错报的影响研究——基于CEO、CFO制衡的视角	↓ CEO与CFO的薪酬契约安排、权力配置对会计错报的影响研究
第4章 财务重述对薪酬业绩敏感性的影响研究	↓ 财务重述对薪酬业绩敏感性的影响研究
第5章 结果讨论	↓ 实证结果的讨论
第6章 结论和展望	↓ 研究结论、创新点与局限性分析

图1-1　研究框架图

第2章 薪酬差距、薪酬业绩敏感性对企业会计错报的影响研究

2.1 引　言

如何设计合理的激励机制已经成为当代经济学、管理学研究的关键问题之一（Laffont 和 Martimort，2002）。对于企业来说，激励机制的设计最主要的就是管理层薪酬制度的设计。2007 年，中国平安年报披露，董事长马明哲的税前薪酬高达 6616.61 万元人民币。在上市公司管理层的薪酬问题处在风口浪尖之时，面对社会上的舆论和压力，国家有关部门紧急出台了一系列的相关法规以进一步规范上市公司的高管薪酬。其实，早在 1993 年，国务院就开始探索实行国有企业高管年薪制。2002 年，国务院规定国有企业高管年薪不得

超过职工平均工资的12倍。2004年以后，为了强化对国有企业高管薪酬的管理，国务院相继出台了五个关于中央国有企业高管薪酬管理的文件。但随着社会经济环境的变化以及国有企业自身发展与国有企业改革的深化，这一倍数关系早已名存实亡。为应对新形势下的国有企业高管薪酬问题，经国务院同意，中央六部委于2009年9月16日联合下发《关于进一步规范中央企业负责人薪酬管理的指导意见》，规定企业主要负责人的基本年薪应当与上年度中央企业在岗职工的平均工资相联系。从2015年1月1日起，《中央管理企业负责人薪酬制度改革方案》正式实施，首批涉及72家中央企业负责人。而改革后的央企负责人的薪酬结构将从基本年薪加绩效改为基本年薪、绩效年薪加任期激励收入，总收入不超过在职员工平均工资的7—8倍。在中央大刀阔斧开展薪酬改革之际，地方薪酬改革也随之而动。2015年7月30日，浙江省召开“深化国有企业负责人薪酬制度改革工作电视电话会议”，公布了《关于深化省管企业负责人薪酬制度改革的实施意见》，其中显示，根据浙江职工年平均工资基数为9.71万元来计算，省管国企负责人平均薪酬水平将下调31.5%。随着薪酬管制各种政策的纷纷出台，上市公司高管的年薪有所降低。2014年共有八位上市公司的高管年薪超过千万元，最高的为方大特钢董事长钟崇武，为2037.77万元。这相对于2007年中国平安的马明哲来说，算是小巫见大巫，一定程度上体现了薪酬管制的效果。“限薪令”的发布使高管薪酬问题再一次成为社会热议的焦点。我国是社会主义国家，注重公平正义，贫富差距过大也不是社会主义的特征，然而，薪酬管制真的能够起到积极的作用吗？市场失灵所导致的部分经理人薪酬过高，并不意味着政府干预必然带来比市场和企业更好解决问题的结果。尽管从正面的角度来看，各种薪酬管制的措施在一定程度上能够约束高管显性的自定薪酬行为，进而使高管的薪酬契约进行适当的、必要的调整及规范，但是，从负面的角度来看，薪酬管制又会由于一定程度上的“平均主义”导致的显性激励不足而使高管有动机去从事机会主义行为，或使得高管转向追求隐性收入或控制权收益从而降低了薪酬激励的作用（辛宇和吕长江，2012；杨志强和王华，2014）。目前薪酬管制已经产生一些负面影响。2015 年以来，不少国有银行的中高层离职后“投奔”待遇更好的股份制银行或新兴的民营银行，而一直以来作为求职者“香饽饽”的中国移动在 2015 年上半年也出现多位员工离职。

近几年，学者们开始关注薪酬差距对盈余管理的影响（俞震和冯巧根，2010；张泽南和马永强，2014）。他们的研究结论为较高薪酬差距在一定程度上能够抑制盈余管理的程度，这同 Watts 和 Zim - merman（1986）的分红计划假设相一致。他们认为盈余管理行为往往不是由一个人，而是需要管理团队的合作才能完成。当薪酬差距较大时，会影响高管层之间的合作，进而降低公司的盈余管理程度；而较小的薪酬差距，反而会促成各管理层之间的合谋，从而使得管理层更加有动机为提高自身薪酬而进行盈余管理。然而，Park（2017）的研究结果却表明，高管团队内部的薪酬差距会导致公司进行更多的盈余管理。一方面，薪酬差距作为薪酬体系设计的重要组成部分，作为降低代理成本的工具，本来能够有助于激励管理层更好地工作。另一方面，薪酬差距也可能对管理层是否可能操纵财务报表造成一定的影响，这是由于管理层可能为了自身的相对薪酬去进行盈余管理。盈余管理是一种状态，不是最终的事件，上市公司究竟有没有对财务报表进行操纵还需要通过验证其财务报表是否发生错报来实现（Healy，1985）。不同于盈余管理，会计错报是真实发生的事件，表明上市公司在内部控制方面存在缺陷。以往也有研究发现管理层薪酬动机是会计错报的诱因之一（Burns 和 Kedia，2006），然而尚未有研究探讨薪酬差距对会计错报的影响。这几年，我国资本市场出现众多财务舞弊丑闻，对中小投资者造成重大影响，倘若能发现薪酬差距与会计错报之间的关系，则可能有助于改善我国上市公司的治理状况以及资本市场健全度。

一方面，已有文献关注薪酬差距对公司业绩影响的较多，而薪酬差距对会计错报的影响不得而知；另一方面，如果这种薪酬差距是合理的，对会计错报又会有什么样的影响？根据代理理论，更高的薪酬业绩敏感性能够激励管理层付出更多的努力，从而更有利于股东财富的增值。而 Frank 和 Cook（1995）提出，薪酬差距是薪酬业绩敏感性的一种表现形式，人们的薪酬是建立在其贡献和效果上，由于每个人在工作中的贡献大小不同，因而薪酬差距能够起到激励作用。另外，当不同的人员其薪酬是建立在边际产出上时，薪酬差距就自然而然地应运而生；相反，薪酬平等意味着公司对具有较低边际产出的员工支付更高的报酬，因此没有达到合理的资源配置。面对薪酬差距的增大，高管是否会通过高报盈余以平息员工的不公平感，使得其他管理人员与员工相信薪酬差距的增大是由于业绩的提升而不是管理层权力导致的？抑或选择低报盈余，以共同降薪的方式来缓解薪酬差距的矛盾？为了回答这些问题，本章拟检验薪酬差距对会计错报的影响，并将薪酬差距区分为高管内部薪酬差距和高管与员工之间的薪酬差距。本章扩充了薪酬制度与会计信息质量关系的研究文献，为解释管理层薪酬设计对公司财务报告质量的影响提供了经验证据。

2.2　文献回顾与研究假设

薪酬差距对公司业绩、公司治理究竟起着什么作用，薪酬差距孰高孰低，学术界对诸如此类问题有着不同的认识。Lazear 和 Rosen（1981）提出了锦标赛理论（Tournament Theory），该理论指出薪酬差距较大时，能够激励组织内的人员更加努力地提升绩效，即薪酬差距对企业绩效是一种正效应。这种薪酬结构按照员工的边际产出制定薪酬，能够起到应有的激励作用。以往很多实证研究证实了锦标赛理论（Akerlof 和 Yellen，1990）。然而，这些文献主要关注薪酬差距对公司业绩的影响，较少关注对会计信息质量的影响。近几年，学者们开始关注薪酬差距对盈余管理的影响（张泽南和马永强，2014；Park，2017），他们发现薪酬差距在一定程度上能抑制应计盈余管理的程度。锦标赛理论认为薪酬差距扩大能够抑制盈余管理的一个重要原因是其破坏了高管间的合谋。但随着薪酬理论的发展和实证研究的大量展开，很多学者得到与锦标赛理论完全相反的结论。行为理论对此进行了解释（杨志强，2012）。该理论认为，人们具有评价自身能力的动机，如果缺乏客观评价标准，就会通过与他人进行比较来自我评判，形成公平性的认知。该理论更加倾向于研究个人在遭到不公平待遇时的反应，当个人所得薪酬与其预期不符时，会感觉“被剥削”，进而导致怠工、盈余管理等反向行为。杨志强和王华（2014）、张泽南和马永强（2014）研究了企业薪酬差距对盈余管理的影响，他们发现薪酬差距越大，盈余管理程度越高。杨志强和王华认为高管进行盈余管理并不总是需要合谋，而且我国更强调“公平性”，缺乏最优契约理论的契约有效性和市场机制合理性，因此公司内部薪酬差距在激励代理人减少盈余管理方面难以发挥最优契约理论的预期。而张泽南和马永强（2014）、Park（2017）认为低薪酬高管会运用盈余管理手段操控业绩以弥补因薪酬差距拉大引致的不公平感。由此可见，鉴于锦标赛理论与行为理论的不同观点，薪酬差距对公司业绩以及盈余管理的作用可能具有两方面影响。

薪酬差距对财务报告质量的影响应该从动机和能力两个角度进行分析。首先，从新古典经济学的劳动力定价理论和人力资本理论来看，管理者薪酬水平应当由边际产出决定，也就是说管理人员之间的边际生产率差异决定其薪酬水平的差距（Finkelstein 和 Boyd，1988）。从心理学上来看，高管薪酬差距会影响到高管对于个人薪酬欲望是否得到满足的认识和评价，进而影响高管个人行为决策的结果，这其中也包括了对于是否实施机会主义行为的决策（Bloom 和 Michel，2002）。一般而言，较小的高管薪酬差距不仅会导致高管绝对的财富水平和相对的财富水平均处于一个较低的水平，而且会导致高管对薪酬的满足感降低，对财富和薪酬满足感的追求会给高管带来巨大的压力和动机，从而导致高管不惜以实施机会主义行为的方式来满足个人的欲望。Finkelstein 和 Boyd（1988）提出，当公司环境不稳定，管理层有能力进行操控时，薪酬差距较大的结构是一种较为合理的契约安排，能够使得管理层有效地为公司服务。Bloom 和 Michel（2002）也提出了类似的观点，他们认为当不确定性和管理层自由裁量权较高时，对管理层的监督变得异常困难，组织不得不依赖较高的薪酬差距。Guo 等（2017）指出，较大的薪酬差距意味着公司对管理层委以重任，因此管理层会较好地扮演“看门人”的角色或更为有良知地履行受托责任以拒绝可能的虚假报告。尽管杨志强和王华（2014）认为我国缺乏最优契约理论的契约有效性和市场机制合理性，然而对于财务重述或会计错报公司来说，不确定性较高，管理层也可能有较大的自由裁量权，在这种情形下，薪酬差距对会计错报的影响作用很可能是负向的。此外，由于薪酬管制导致激励异化，可能打破原有的信息披露均衡，使经理人通过降低会计信息透明度，减弱社会对其控制权收益的监督，以弥补名义收入上的损失（王新，2010）。上述文献从动机的角度分析了薪酬差距更有可能使管理层存在努力提高财务报告质量的愿望。

薪酬差距对财务报告质量的作用机制，除了动机因素之外，还存在着能力因素的影响。组织成员薪酬之间的差距反映其在组织中所处地位以及其参与事务决策的能力。Acharya 等（2011）指出管理团队中的下级管理人员鉴于其未来职业发展的需要而没有动机去牺牲公司的长期利益以换取短期利益。而 Cheng 等（2012）研究发现在企业的管理团队当中，下级高管与 CEO 之间的薪酬差距反映了下级高管在公司事务决策中发挥的作用，当下级高管与 CEO 的薪酬差距较小时，说明下级高管在公司内部治理中更能够发挥自身影响力，因此会更多地阻止 CEO 忽视长期利益而做出的短视行为。Call 等（2017）也提出，高管薪酬差距越小，意味着下级高管监督 CEO 的能力越强。

尽管薪酬差距反映了下级管理层参与公司决策的能力，但薪酬的水平也并不能完全代表组织中成员的地位及其对 CEO 的影响力（Cheng 等，2012）。首先，下级管理层与 CEO 并不总是对立的，薪酬差距的缩小使得管理团队成员之间的层级界限得以缩小，下级管理层与 CEO 的心理隔阂降低，管理层之间更可能串通共谋，以达到维护管理层集体利益的目标。其次，根据管理防御理论，部分学者研究发现高管变更上年的财务报表更容易被重述（齐鲁光和韩传模，2017）。当高管之间的薪酬差距增加时，高管心理上的安全感得到了提升，同时也让公司变更高管的成本增大。这使得高管认为自身地位稳固，也就不会为职位的安全性进行主动防御，进行短视行为。再次，适当的薪酬差距使得CEO具有更多的话语权和决策权，但同时也使其承担着更多的责任，在责任考核机制下，一旦出现问题，CEO需要接受更多的责罚。从长远来看，操纵报表会负向影响到企业价值，而且大多数会计错报都是在错报年度高报盈余（马晨等，2014）。CEO在牺牲公司长期利益的决策过程中会考虑到负向激励有可能为自己带来的损失，进行操纵报表的行为也会因此受限。最后，管理层的货币薪酬通过强制性信息披露的方式受到社会公众的监督，而其控制权收益则游离于社会监督之外，管理层对此拥有一定自由裁量权。较低的薪酬差距导致了管理层对控制权收益摄取的进一步贪婪，会导致激励异化，同时也可能会打破原有的信息披露均衡，使得管理层更有能力通过降低会计信息透明度的方式，以减弱社会公众对其控制权收益的监督，进而弥补名义收入上的损失。

综上，本章认为薪酬差距对公司发生会计错报应当具有负向影响，由此，本章提出如下假设：

H_{2-1}：薪酬差距负向影响公司发生会计错报的可能性。

薪酬差距可以进一步分为高管与员工间薪酬差距，以及高管团队内部之间薪酬差距，因此，本章针对 H_{2-1} 提出子假设：

H_{2-1a}：高管与员工之间薪酬差距负向影响公司发生会计错报的可能性。

H_{2-1b}：高管之间薪酬差距负向影响公司发生会计错报的可能性。

2.3　样本来源与方法设计

2.3.1　数据来源

本章主要通过手工收集 2003—2014 年中国上市公司的年报数据，并利用巨潮资讯网，根据关键词查找（更正、调整、差错）得到了 2004—2013 年 1349 个发生错报的观测值①。本章错报样本的数据不包括与股票拆分、发放股利、终止经营、会计政策变化、并购有关的事项，也不同于年报补丁，而是与会计账务处理直接相关。对于初始样本，本章进行三方面筛选。首先，考虑到金融保险行业特殊的会计处理以及较高的薪酬体系并受银监会的监管，本章剔除 9 个金融保险类样本。其次，由于经历过错报的公司在其他未发生错报的年度可能在会计信息的生成方面存在缺陷，本章对这部分观测值进行了剔除。最后，本章删除了高管人数大于公司全体职工人数的异常样本。最终，本章得到 775 个错报观测值以及 5070 个非错报观测值。

2.3.2　研究设计

本章的薪酬差距变量包括管理层与员工间薪酬差距以及高管内部薪酬差距。借鉴刘春和孙亮（2010），以及杨志强和王华（2014）的做法，管理层与员工间薪酬差距 BWD = 董事、

① 披露的错报样本是根据财务重述样本获得的，因此，错报的发生期要早于财务重述的发生期。另外，鉴于 B 股类上市公司的特殊规定，本章的会计错报样本不包含 B 股类公司。

监事及高管前三名薪酬总额/3 - Tsemployee/(员工人数 - 高管人数)，即企业内部薪酬差距由企业高管的平均个人报酬和普通员工的平均个人报酬之间的差额来衡量。其中 Tsemployee 表示企业一般员工的年度总薪酬，等于支付给职工以及为职工所支付的现金减去董事、监事以及高管薪酬年度报酬总额。针对高管内部薪酬差距，本章借鉴杨志强和王华（2014）的做法，采用如下公式计算高管层内部薪酬差距：高管层内部薪酬差距 MWD = 董事、监事及高管前三名薪酬总额/3 -（董事、监事及高管年薪总额 - 董事、监事及高管前三名薪酬总额）/（高管人数 -3）。

本章采用 Logit 回归模型，以检验薪酬差距对公司发生会计错报的影响。针对假设 H_{2-1} 的回归模型如下（简化起见，变量的下标省略）：

$$MIS = \alpha_0 + \alpha_1 WD + \alpha_2 ROA + \alpha_3 LEV + \alpha_4 LNA + \alpha_5 SGROW + \alpha_6 BIG4 + \alpha_7 AO + \sum Indu\ dummy + \sum Year\ dummy + \varepsilon \quad (2-1)$$

其中，MIS 为公司发生会计错报的情况，当年发生会计错报时为 1，否则为 0。WD 为薪酬差距，包括高管之间的薪酬差距，即内部薪酬差距 BWD 以及高管与员工之间的薪酬差距 MWD。为了控制公司的盈利能力以及成长情况，本章控制了总资产收益率（ROA）以及销售收入增长率（SGROW），还控制了公司的资产规模（LNA）以及资产负债率（LEV）。另外，外部审计也同公司发生会计错报有关，因此对会计师事务所规模（BIG4）以及审计意见类型（AO）进行了控制。具体变量情况见表 2 -1。

表 2-1　　　　变量说明表

变量类型	变量名称	经济含义	解　　释	预测符号
被解释变量	MIS	会计错报	某公司发生会计错报为 1，否则为 0	Logit 模型
解释变量	BWD	高管与员工间薪酬差距	= 董事、监事及高管前三名薪酬总额/3 - Tsemployee/(员工人数 - 高管人数)	-
	MWD	高管内部薪酬差距	= 董事、监事及高管前三名薪酬总额/3 - (董事、监事及高管年薪总额 - 董事、监事及高管前三名薪酬总额)/(高管人数 - 3)	-
控制变量	ROA	总资产收益率	表示盈利能力	-
	LEV	资产负债率	表示偿债能力	+
	LNA	总资产自然对数	衡量公司规模	+
	SGROW	成长情况	销售收入增长率	+
	BIG4	会计师事务所规模	如果公司的财务报告经"四大"会计师事务所审计为 1，否则为 0	-
	AO	审计意见类型	如果公司被出具标准审计意见为 1，否则为 0	-
	∑Indu dummy	行业虚拟变量	当观测值为某一特定行业时取值 1，其他为 0，以控制行业影响	
	∑Year dummy	年度虚拟变量	当观测值为某一特定年度时为 1，其他为 0，以控制年度影响	

为更好地检验本章的假设，本章对所有连续变量在 1% 的水平上进行了缩尾，并进行了描述性统计，结果见表 2-2。如

表 2－2 所示，会计错报变量（MIS）占比 13.26%，说明最近十年有超过一成的公司发生过会计错报。管理层与员工薪酬差距变量（BWD）的均值为 35.8767（万元），而高管之间薪酬差距变量（MWD）的均值为 34.6009（万元）。在控制变量方面，总资产收益率（ROA）的均值为 0.0389，资产负债率（LEV）的均值为 0.4827，资产规模自然对数（LNA）的均值为 21.6727，销售收入增长率（SGROW）的均值为 0.3996。在外部审计方面，8.26% 的样本被"四大"会计师事务所审计，高达 95.29% 的样本其审计报告被出具标准审计意见。

表 2－2　错报样本与非错报样本的描述性统计

变量	N	Mean	Std. Dev.	Min	Max
MIS	5845	0.1326	0.3392	0	1
BWD	5845	35.8767	42.4324	－88.7145	280.6315
MWD	5845	34.6009	32.7399	0.9540	221.5635
ROA	5845	0.0389	0.0693	－0.4685	0.2118
LEV	5845	0.4827	0.2470	0.0540	2.3735
LNA	5845	21.6727	1.2705	18.6929	25.6988
SGROW	5845	0.3996	1.5325	－1	12.8726
BIG4	5845	0.0826	0.2754	0	1
AO	5845	0.9529	0.2118	0	1

2.4　实证检验结果

2.4.1　Logit 回归

本章针对假设 H_{2-1}，检验薪酬差距对公司发生会计错报的影响，具体结果反映在表 2 - 3 中。第（1）列与第（2）列分别检验了高管与员工间薪酬差距以及高管团队内部薪酬差距对会计错报的影响。在第（1）列中，BWD 的回归系数为 - 0.004（z = - 4.011），在 1% 的水平上显著，表明高管与员工间薪酬差距负向影响公司发生会计错报的概率，假设 H_{2-1a} 得到了验证，意味着高管与员工间薪酬差距越大，公司发生会计错报的可能性越低。类似地，MWD 的回归系数为 - 0.006（z = - 2.898），在 1% 的水平上显著，表明高管团队内部薪酬差距负向影响公司发生会计错报的概率，假设 H_{2-1b} 得到了验证，意味着高管团队内部薪酬差距越大，公司发生会计错报的可能性越低。因此，无论是高管与员工还是高管内部之间的薪酬差距，都会负向影响公司的会计错报，假设 H_{2-1} 得到了验证。另外，在控制变量方面，盈利能力（ROA）、会计师事务所规模（BIG4）以及标准审计意见（AO）负向地影响公司发生会计错报的概率，而资产负债率（LEV）正向地影响公司发生会计错报的概率。

表 2 - 3　薪酬差距对会计错报的 Logit 回归结果

	(1)	(2)
	MIS	MIS
BWD	- 0.004 *** (- 4.011)	
MWD		- 0.006 *** (- 2.898)
ROA	- 3.159 *** (- 3.322)	- 3.033 *** (- 3.361)
LEV	0.602 ** (2.286)	0.617 ** (2.307)

续表

	(1)	(2)
	MIS	MIS
LNA	0.004 (0.092)	0.012 (0.252)
SGROW	0.025 (0.961)	0.024 (0.934)
BIG4	-1.806*** (-7.197)	-1.783*** (-6.861)
AO	-0.964*** (-7.460)	-0.968*** (-7.628)
∑Indu dummy	已控制	已控制
∑Year dummy	已控制	已控制
常数项	-14.329*** (-12.220)	-13.703*** (-11.151)
观测值	5845	5845
Pseudo R^2	0.1216	0.1222

注意：对标准误按照年度进行了聚类；括号内表示 z 值；***、**、* 分别表示在 1%、5% 以及 10% 的水平上显著（双尾检验）。下同。

2.4.2 进一步分析

尽管本章认为，薪酬差距对会计错报具有负向影响，但同时本章也认为，薪酬差距对会计错报的影响在不同情境下可能存在差异。正如黎文靖与胡玉明（2012）的研究结论一样，当薪酬差距较小时，锦标赛理论成立，而当薪酬差距较大时，行为理论能够更好地解释现实情况。

(1) 对薪酬业绩敏感性的考虑。

仅仅关注薪酬差距而忽视薪酬差距的合理性，可能难以实现设计完善的薪酬结构进而提升公司治理的目的。Jensen 和 Murphy (1990) 首次提出了薪酬业绩敏感性 (Pay - Performance Sensitivity，简称 PPS) 的概念，他们发现当股东财富上涨 1000 美元时，CEO 个人财富增加 3.25 美元。本章试图将薪酬业绩敏感性作为衡量高管在业绩方面贡献的参考，因为薪酬业绩敏感性的本质是将高管与股东财富结合在一起，以降低代理成本。在考虑薪酬差距对公司业绩、盈余管理的影响时，应当考虑高管与员工，或高级别高管与其他高管之间薪酬业绩敏感性的相对情况。因此，本部分拟检验薪酬差距对会计错报的影响是否会受到薪酬业绩敏感性的调节。

针对薪酬业绩敏感性变量，本章借鉴 Jensen 和 Murphy (1990) 以及 Zhang 等 (2005) 的研究，把薪酬业绩敏感性度量为高管薪酬相对于净资产收益率 (ROE) 的变化量，即 $PPS=(COMP_t-COMP_{t-1})/(ROE_t-ROE_{t-1})$，其中 COMP 为高管薪酬，t 为错报年度。进一步地，为了更好地说明高管 PPS 与员工 PPS 以及高管内部 PPS 的相对高低，本章生成了 PPS 的哑变量，即针对公司内部薪酬差距，当高管 PPS 取值高于样本均值且员工 PPS 取值低于其均值时取值为 1，否则为 0 (BPPSH)；当高管 PPS 取值低于样本均值且员工 PPS 取值高于其均值时取值为 1，否则为 0 (BPPSL)。同样地，针对高管内部薪酬差距，当前三高管 PPS 取值高于样本均值且其他高管 PPS 取值低于其均值时取值为 1，否则为 0 (MPPSH)；而当前三高管 PPS 取值低于样本均值且其他高管 PPS 取值高于其均值时取值为 1，否则为 0 (MPPSL)。本章未直接比较高管与员工的 PPS，这是由于方军雄

(2011) 发现中国上市公司薪酬存在着严重的尺蠖效应①。回归模型如下:

$$MIS = \beta_0 + \beta_1 WD + \beta_2 PPS + \beta_3 WD \times PPS + \beta_4 ROA + \beta_5 LEV + \beta_6 LNA + \beta_7 SGROW + \beta_8 BIG4 + \beta_9 AO + \sum Indu\ dummy + \sum Year\ dummy \quad (2-2)$$

其中, PPS 为薪酬业绩敏感性, 包括如前所述的高 PPS (BPPSH、MPPSH) 以及低 PPS (BPPSL、MPPSL) 的情形。

表 2-4 列示了薪酬差距、薪酬业绩敏感性对会计错报影响的 Logit 回归结果。第 (1) 列针对的是高管与员工间薪酬差距, BWD 的回归系数为 -0.005(z = -5.353), 在 1% 的水平上显著, BWD 与 PPSH 之间的交互项 (BWD × PPSH) 的回归系数为 0.005(z = 2.068) 在 1% 的水平上显著, 说明当公司高管的 PPS 较高, 其他员工 PPS 较低时, 会弱化高管与员工间薪酬差距对会计错报的影响作用。而交互项 (BWD × PPSL) 的回归系数为 0.001(z = 0.233), 未通过显著性水平, 本章未发现当高管 PPS 较低, 其他员工 PPS 较高时, 会影响到高管员工间薪酬差距与会计错报之间的关系。第 (2) 列针对的薪酬差距变量为高管内部薪酬差距, MWD 的回归系数为 -0.007(z = -2.837), 在 1% 的水平上显著, MWD 与 PPSL 之间的交互项 (MWD × PPSL) 的回归系数为 0.004(z = 0.602), 未通过显著性水平。而交互项 (MWD × PPSH) 的回归系数为 -0.001(z = -0.195), 也未通过显著性水平。对于高管内部薪酬差距, 本章未发现高管之间 PPS 的差异, 会影响到高管间薪酬差距与会计错报之间的关系。可能

① 即当公司增加薪酬时高管薪酬的增加幅度大于普通员工薪酬的增加幅度, 而当需要减薪时高管没有被减薪或者其减薪幅度低于普通员工。如果直接比较可能会在结论上造成偏差。

的原因在于高管内部关系比较复杂，而薪酬体系只是影响会计错报的因素之一，管理层权力、董事会特征、监事会特征等都可能会影响到这种关系。

表 2-4　薪酬差距、薪酬业绩敏感性对会计错报影响的 Logit 回归结果

	(1)	(2)
	MIS	MIS
BWD	-0.005*** (-5.353)	
BPPSL	-0.299** (-2.211)	
BPPSH	0.211 (1.487)	
BWD × PPSL	0.001 (0.233)	
BWD × PPSH	0.005** (2.068)	
MWD		-0.007*** (-2.837)
MPPSL		0.037 (0.523)
MPPSH		-0.009 (-0.057)
MWD × MPPSL		0.004 (0.602)
MWD × MPPSH		-0.001 (-0.195)

续表

	(1)	(2)
	MIS	MIS
ROA	-3.067*** (-3.232)	-3.038*** (-3.294)
LEV	0.599** (2.280)	0.620** (2.364)
LNA	0.027 (0.559)	0.012 (0.230)
SGROW	0.025 (0.958)	0.024 (0.925)
BIG4	-1.817*** (-7.005)	-1.785*** (-6.798)
AO	-0.982*** (-7.134)	-0.967*** (-7.520)
∑Year dummy	已控制	已控制
∑Indu dummy	已控制	已控制
常数项	-14.069*** (-11.361)	-13.707*** (-11.005)
观测值	5845	5845
Pseudo R^2	0.1243	0.1224

(2) 对产权性质的考虑。

我国各项薪酬规定主要是针对国有企业而非民营企业。国有企业要承担更多的社会责任而不是一味地追求业绩，其高管看重的不一定是货币薪酬，而是在职消费或者其他政治资源。因此，国有企业的薪酬结构很可能不同于民营企业（Ke等，2012）。另外，在国企中，管理层与员工之间的薪酬差距也被认为不应太大，否则会给社会带来一定负面影响。本章的结论是否会受到产权性质的影响是一个经验问题。本章在原有分析的基础上，加入了产权性质的变量 SOE，如果上市公司的终极控制人为国有控股时 SOE 为 1，其他为 0。为了检验本章的结论是否会受到产权性质的影响，本章试图检验薪酬差距（BWD 与 MWD）对会计错报的作用是否会受到产权性质的调节。表 2－5 中的第（1）列与第（2）列分别检验了高管员工薪酬差距以及高管内部薪酬差距对会计错报的影响是否会受到产权性质的调节，交互项（BWD × SOE）与（MWD × SOE）回归系数均不显著，本章未发现薪酬差距对会计错报的影响会受到产权性质的调节。这部分的分析说明本章的结论不会因产权性质而发生改变。

表 2－5　基于产权性质分析薪酬差距对会计错报影响的 Logit 回归结果

	(1)	(2)
	MIS	MIS
BWD	-0.005^{***} (-7.228)	
MWD		-0.008^{***} (-4.261)
SOE	0.193^{*} (1.886)	0.209^{*} (1.894)
BWD × SOE	-0.001 (-0.486)	
MWD × SOE		0.002 (0.372)
ROA	-2.777^{***} (-2.764)	-2.682^{***} (-2.858)

续表

	(1)	(2)
	MIS	MIS
LEV	0.782*** (2.643)	0.786*** (2.634)
LNA	-0.031 (-0.550)	-0.023 (-0.360)
SGROW	0.016 (0.756)	0.015 (0.716)
BIG4	-1.596*** (-6.833)	-1.591*** (-6.349)
AO	-1.044*** (-8.063)	-1.039*** (-8.133)
∑Year dummy	已控制	已控制
∑Indu dummy	已控制	已控制
常数项	-1.438* (-1.776)	-1.492* (-1.672)
观测值	5434	5434
Pseudo R^2	0.1287	0.1293

（3）对高报和低报盈余的考虑。

错报按照方向分为高报盈余的会计错报和低报盈余的会计错报，而高报盈余的错报公司可能有着明显的盈余管理动机（张为国和王霞，2004），且高报盈余的错报公司具有更为严重的经济后果。因此，在研究薪酬差距对会计错报影响时，本章进一步将会计错报区分为高报盈余和低报盈余的错报样本。在此基础上生成因变量 MISDIRE，公司未发生会计错报时，MISDIRE 取值为 0，发生低报盈余的会计错报时取值为 1，发生高报盈余的会计错报时取值为 2。针对因变量 MISDIRE，本章进行了 Ordered Logit 回归，表 2-6 列示了回归结果。在第（1）列中，BWD 的回归系数为 -0.004（z = -3.680），说明当高管员工薪酬差距越大时，公司发生会计错报的可能性越低，而随着薪酬差距的逐渐缩小，公司发生错报的类型也逐渐由低报盈余转为高报盈余。在第（2）列中，MWD 的回归系数为 -0.006（z = -2.826），同 BWD 的结果一致。由此，本章得知，在将错报按照对盈余的影响区分为高报和低报错报样本后，薪酬差距对错报影响的原有结论不发生改变，且随着薪酬差距的缩小，发生高报盈余的可能性高于发生低报盈余的可能性。

表 2-6　　基于差错方向的薪酬差距对会计错报影响的 Ordered Logit 回归结果

	(1)	(2)
	MISDIRE	MISDIRE
BWD	-0.004*** (-3.680)	
MWD		-0.006*** (-2.826)
ROA	-3.031*** (-3.753)	-2.893*** (-3.789)
LEV	0.578*** (2.809)	0.596*** (2.950)
LNA	0.007 (0.140)	0.015 (0.288)
SGROW	0.018 (0.699)	0.018 (0.683)

续表

	(1)	(2)
	MISDIRE	MISDIRE
BIG4	-1.842 *** (-7.536)	-1.817 *** (-7.180)
AO	-0.975 *** (-8.176)	-0.979 *** (-8.365)
∑Year dummy	已控制	已控制
∑Indu dummy	已控制	已控制
Cut1		
常数项	13.077 *** (10.402)	13.204 *** (10.083)
Cut2		
常数项	13.703 *** (10.818)	13.830 *** (10.474)
观测值	5485	5485
Pseudo R^2	0.1009	0.1014

（4）对舞弊类和差错类错报的区分。

错报发生的原因无非是错误或舞弊。从性质和程度上来看，由舞弊引起的错报更为严重。因此，在研究薪酬差距对会计错报影响时，本章进一步将会计错报区分为由舞弊和差错引起的错报。借鉴 Hennes 等（2008）、马晨等（2016）的做法，本章使用关键词查找会计信息，如“虚增”“虚减”等；另外，如果监管部门介入，认为公司会计信息披露不实，符合以上两个条件之一的情形即被认定为财务舞弊导致的会计错报。在此基础上生成因变量 MISFRAUD，公司未发生会计错报时，MISFRAUD 取值为 0，发生由差错导致的会计错报时取值为 1，发生由舞弊导致的会计错报时取值为 2。针对因变量 MISFRAUD，本章进行了 Ordered Logit 回归，表 2－7 列示了回归结果。在第（1）列与第（2）列中，BWD 与 MWD 的回归系数分别为－0.004(z = －4.201）与－0.006(z = －3.105)，均在 1% 的水平上显著，表明当薪酬差距越大时，公司发生会计错报的可能性越低，而随着薪酬差距的逐渐缩小，公司发生错报的类型也逐渐由差错类错报转为舞弊类错报。由此，本章得知，在将错报按照对其发生原因区分为差错和舞弊样本后，薪酬差距对错报影响的原有结论不发生改变，且随着薪酬差距的缩小，发生舞弊错报的可能性高于发生差错错报的可能性。

表 2－7　基于差错原因的薪酬差距对会计错报影响的 Ordered Logit 回归结果

	(1)	(2)
	MISDIRE	MISDIRE
BWD	－0.004*** (－4.201)	
MWD		－0.006*** (－3.105)
ROA	－2.754*** (－3.828)	－2.627*** (－3.821)
LEV	0.536*** (2.628)	0.552*** (2.723)
LNA	0.017 (0.385)	0.024 (0.488)
SGROW	0.012 (0.516)	0.011 (0.506)

续表

	(1)	(2)
	MISDIRE	MISDIRE
BIG4	-1.823*** (-7.082)	-1.799*** (-6.762)
AO	-0.880*** (-7.230)	-0.884*** (-7.400)
∑Year dummy	已控制	已控制
∑Indu dummy	已控制	已控制
Cut1		
常数项	14.747*** (12.546)	14.836*** (12.131)
Cut2		
常数项	16.587*** (13.636)	16.677*** (13.257)
观测值	5485	5485
Pseudo R^2	0.1009	0.1014

（5）对薪酬监管的考虑。

薪酬差距之所以会影响会计错报，可能在于对薪酬监管上存在困难。不同行业，不同公司在对薪酬制定的监督方面存在一定的差异。高科技公司薪酬水平普遍较高，薪酬差距也会较大；从公司内部监管方面来看，CEO/董事会主席两职合一的企业，可能存在个人权利过大，难以监督薪酬制定；独立董事比重也会在一定程度上影响薪酬的制定和管理。本部分在考虑高科技公司/非高科技公司、领导权结构以及独立董事比重后，重新进行了分组回归分析。

表2-8列示了在区分高新技术企业与非高新技术企业后的

薪酬差距对会计错报影响的 Logit 回归结果。前两列为针对高管与员工间薪酬差距的分析，BWD 的回归系数显著为负，表明高管与员工间薪酬差距对会计错报的负向影响在高科技公司与非高科技公司均成立。后两列为针对高管内部薪酬差距的分析，MWD 的回归系数均为负，但在第（4）列不显著。整体来看，本章的结论在高新技术企业与非高新技术企业中均成立。

表 2－8　区分高新技术企业/非高新技术企业薪酬差距对会计错报影响的 Logit 回归结果

	非高新技术企业	高新技术企业	非高新技术企业	高新技术企业
	MIS	MIS	MIS	MIS
BWD	−0.003*** (−2.778)	−0.003*** (−2.779)		
MWD			−0.008*** (−3.064)	−0.002 (−1.127)
ROA	−2.645*** (−3.143)	−5.125*** (−2.674)	−2.459*** (−3.047)	−5.400*** (−2.931)
LEV	0.480* (1.955)	0.733* (1.711)	0.490** (2.040)	0.726* (1.703)
LNA	−0.072 (−1.341)	0.192*** (3.036)	−0.045 (−0.763)	0.176*** (2.715)
SGROW	0.006 (0.244)	0.117*** (4.112)	0.004 (0.171)	0.121*** (4.310)
BIG4	−1.852*** (−4.961)	−1.840*** (−3.096)	−1.802*** (−4.655)	−1.851*** (−3.164)
AO	−1.002*** (−6.935)	−0.631 (−1.417)	−1.005*** (−7.086)	−0.628 (−1.409)

续表

	非高新技术企业	高新技术企业	非高新技术企业	高新技术企业
	MIS	MIS	MIS	MIS
∑Year dummy	已控制	已控制	已控制	已控制
∑Indu dummy	已控制	已控制	已控制	已控制
常数项	-12.320 *** (-8.996)	-19.271 *** (-11.191)	-11.165 *** (-7.786)	-18.899 *** (-10.787)
观测值	3452	2393	3452	2393
Pseudo R^2	0.1363	0.0961	0.1386	0.0952

表2-9中的第（1）—（4）列列示了在区分CEO/董事会主席两职合一与两职分离后的薪酬差距对会计错报影响的Logit回归结果。头两列为针对高管与员工间薪酬差距的分析，BWD的回归系数显著为负，表明高管与员工间薪酬差距对会计错报的负向影响在两职合一公司与两职分离公司中均成立。第（3）、（4）列为针对高管内部薪酬差距的分析，MWD的回归系数均为负，但在第（4）列不显著。整体来看，本章的结论在两职合一企业与两职分离企业中均成立。表2-9中的第（5）—（8）列列示了在区分高独董比例组与低独董比例组后的薪酬差距对会计错报影响的Logit回归结果①。第（5）、（6）列为针对高管与员工间薪酬差距的分析，BWD的回归系数显著为负，表明高管与员工间薪酬差距对会计错报的负向影响在高独董比例公司与低独董比例公司中均成立。第（7）、（8）列为针对高管内部薪酬差距的分析，MWD的回归系数均为负，但在第（8）列不显著。整体来看，本章的结论在高独董比例企业与低独董比例企业中均成立。

① 本章根据独立董事比重的中位数，将样本区分为高独董比例组和低独董比例组。

表 2-9　区分领导权结构和独立董事比例的薪酬差距对会计错报影响的 Logit 回归结果

	两职合一	两职分离	两职合一	两职分离	高独董比例	低独董比例	高独董比例	低独董比例
	MIS	MIS	MIS	MIS	MIS	MIS	MIS	MIS
BWD	-0.005** (-2.226)	-0.004** (-2.357)			-0.003*** (-4.059)	-0.024*** (-7.473)		
MWD			-0.011*** (-3.097)	-0.004 (-1.394)			-0.005*** (-2.846)	-0.022*** (-4.507)
ROA	-1.084 (-0.323)	-3.871*** (-6.731)	-0.742 (-0.217)	-3.843*** (-7.329)	-3.468*** (-3.263)	-0.584 (-0.475)	-3.338*** (-3.331)	-0.946 (-0.764)
LEV	1.251** (2.146)	0.539** (2.373)	1.377** (2.331)	0.548** (2.454)	0.638** (2.051)	-0.816 (-1.521)	0.652** (2.118)	-0.759 (-1.459)
LNA	0.067 (0.790)	-0.028 (-0.549)	0.111 (1.297)	-0.027 (-0.453)	0.007 (0.161)	-0.307** (-2.367)	0.015 (0.321)	-0.264* (-1.731)
SGROW	0.125** (2.368)	0.008 (0.266)	0.133*** (2.618)	0.008 (0.250)	0.025 (0.991)	-0.113 (-1.183)	0.025 (0.974)	-0.114 (-1.159)
BIG4		-1.884*** (-7.401)		-1.882*** (-7.332)	-1.958*** (-9.093)	0.284 (0.513)	-1.936*** (-8.699)	0.524 (1.425)

续表

	两职合一	两职分离	两职合一	两职分离	高独董比例	低独董比例	高独董比例	低独董比例
	MIS	MIS	MIS	MIS	MIS	MIS	MIS	MIS
AO	-0.484 (-0.759)	-0.941*** (-6.477)	-0.484 (-0.765)	-0.947*** (-6.518)	-0.889*** (-7.513)	-3.394*** (-3.311)	-0.891*** (-7.712)	-3.208*** (-3.261)
dummy1	已控制	已控制	已控制	已控制	已控制	已控制	已控制	已控制
YEAR1	已控制	已控制	已控制	已控制	已控制	已控制	已控制	已控制
常数项	-30.052*** (-14.589)	-10.360*** (-6.894)	-14.827*** (-7.865)	-10.328*** (-6.357)	-12.624*** (-13.286)	-5.199* (-1.814)	-12.758*** (-12.559)	-7.112** (-2.041)
观测值	1037	4589	1037	4589	5669	176	5669	176
Pseudo R^2	0.1412	0.1242	0.1402	0.1239	0.1228	0.2750	0.1234	0.2585

2.5 小　　结

本章选择 2004—2013 年中国 A 股上市公司为研究样本，检验薪酬差距对会计错报的负向调节作用。研究发现：薪酬差距会负向地影响会计差错。具体来说：高管与员工之间薪酬差距负向影响公司发生会计错报的可能性，高管内部薪酬差距也会负向影响公司发生会计错报的可能性。研究结论为保持适当的薪酬差距从而提升企业会计信息质量，提供了经验证据；为完善我国上市公司治理，提高高管薪酬契约有效性具有启示作用。

企业在制定和实施薪酬制度时，既要关注薪酬制度的公平性，同时也要关注到薪酬制度所应发挥的激励作用，特别在会计信息的质量方面。同时，企业在高管薪酬的制定和实施过程中，要关注薪酬差距是否合理，对管理层之间、管理层与员工之间的薪酬差异给予足够的重视。除此之外，政府监管部门以及外部审计师也应对企业的薪酬制度保持关注和警觉，以避免由此可能存在的重大错报风险。

第3章

CEO 与 CFO 的薪酬契约安排、权力配置对会计错报的影响研究

——基于 CEO、CFO 制衡的视角

3.1 引　　言

近些年，我国政府频繁出台国有企业限制高管薪酬的政策措施，2017 年 11 月，综艺限薪令的发布，又使薪酬话题成为当今社会的议论焦点。在高管薪酬的波及范围当中，CEO 与 CFO 受到的影响巨大，二者在财务报告的生成和披露方面都负有极其重要的责任。Twitter 于 2015 年向美国证券交易委员会（SEC）提交的信息表明，作为 CFO 的 Anthony Noto，在 2014 年收获了 7280 万美元的薪酬，在 Twitter 所有高管中居于榜首，是作为

CEO 的 Dick Costolo 的 5240 倍。这个例子在一定程度上表明 CFO 的角色和身份发生了转变，不再简单是 CEO 的代理人。也正是因为 CEO 与 CFO 在企业内部的核心职位，他们的薪酬契约安排动机应当如何设计、薪酬动机的差异如何安排，以降低代理成本，从而提升财务报告质量也是学术界和实务界所关注的热点问题。

上市公司发生的财务丑闻可以被归结为高管薪酬契约的设计（Burns 和 Kedia，2006）。大量研究证实了 CEO 对会计信息质量具有重大影响（Dow 和 Raposo，2005；Jiang、Petroni 和 Wang，2010；Chava 和 Purnanandam，2010；Feng 等，2011；林大庞和苏冬蔚，2012）。Jiang、Petroni 和 Wang（2010）认为 CFO 的薪酬激励可能会导致盈余管理。美国税务署（Internal Revenue Service）委员 Mark Everson 在 2006 年认为 CFO 应当要履行监督糖罐的责任（minding the cookie jars），其薪酬不应当包括股票期权，而应当主要由客观的、固定的薪酬构成。CEO、CFO 的薪酬契约安排动机究竟是否能够起到应有的作用，抑或增加代理成本，降低会计信息质量，是值得学术界继续关注的热点话题。

但是，CEO、CFO 薪酬契约安排动机差异对会计信息质量影响的研究却鲜有人问津，而且相关研究更多地还是关注 CEO 而非 CFO 对会计信息质量的影响，尽管对 CFO 的薪酬契约安排动机也有考虑。这可能主要是由于 CEO 的薪酬契约安排动机要强于 CFO（Jiang、Petroni 和 Wang，2010）。此外，CFO 很多时候作为 CEO 的代理人，如果不遵循 CEO 的偏好，是有可能被有能力的 CEO 更换掉的。因此，CFO 可能不会对自身的薪酬激励作出反应，而更多的是针对 CEO 的薪酬激励作出反应。但是，Jiang、Petroni 和 Wang（2010）认为，检验 CFO 薪酬契约安排动机对财务报告的影响是非常有必要的，这是由于 CFO 在财务报告方面起着至关重要的作用。Feng 等（2011）认为 CFO 在进行会计操纵方面有着非常独特的身份，比如重组交易、选择不合适的会计处理以及做假账。世界各国的财务丑闻，如安然、世通、Qwest 以及 Adelphi 等事件都表明 CFO 对会计信息质量的影响是至关重要的。世通的前 CFO，Scott Sullivan 也承认了自己的会计造假行为。此外，2002 年的萨班斯—奥克斯利法案（the Sarbanes - Oxley Act）正式要求 CFO 与 CEO 对财务信息的准确性以及完整性均要承担个人责任。我国的会计相关法律也对此作出了相关规定。

鉴于以上，CEO 薪酬契约安排动机对财务报告质量可能存在负向影响，而 CFO 薪酬契约安排动机在对财务报告质量存在负向影响的同时也有着需要承担监督 CEO 特别是同财务报告方面相关的职责，即双向影响。CEO、CFO 在薪酬契约安排动机、权力大小方面都存在着差异，这种差异大小应当如何安排？本章从薪酬契约安排（Compensation Contract Arrangements，简称 CA）与管理层权力理论视角层层递进地分析和检验并得出如下结论：第一，CEO 与 CFO 的薪酬契约安排差异的确会影响到会计错报；第二，二者之间的薪酬契约安排差异均会影响公司会计错报；第三，CEO 与 CFO 薪酬契约安排差异对会计错报的影响作用还会受到 CEO 与 CFO 权力差异的调节。

本章的贡献或创新之处有以下几点：第一，拓展了有关 CEO、CFO 薪酬问题的研究成果。以往都是分别关注 CEO、CFO 个人特征对财务报告质量的影响，本章将在分析 CEO、CFO 薪酬契约安排动机影响的基础上提供 CEO、CFO 薪酬契约安排差异对会计错报影响的证据，补充了 Jiang、Petroni 和 Wang（2010）以及 Feng 等（2011）的研究。他们检验了 CEO 与 CFO 股权动机对盈余管理的影响差异，发现 CFO 的股权动机要大于

CEO。鉴于 CFO 在会计操纵方面的重要作用，本章进一步将 CEO 与 CFO 薪酬契约安排动机结合起来，深入分析二者薪酬契约安排差异对财务报告质量的影响。第二，进一步拓展了管理层权力的研究。本章的研究发现随着 CEO 与 CFO 权力差异的增加，反而会弱化 CEO、CFO 薪酬契约安排差异对会计错报的影响，表明当 CEO 权力相对于 CFO 越大时，CEO 会通过其他渠道实现机会主义行为，而不仅仅围绕薪酬契约、会计报表操纵。

本章后续结构安排如下：第二部分为文献回顾与研究假设；第三部分为样本来源与研究设计；第四部分为实证检验与结果分析；最后为研究结论。

3.2　文献回顾与假设提出

3.2.1　CEO、CFO 薪酬契约安排动机对会计信息质量的影响

已有研究证实了上市公司的会计错报或财务重述会给资本市场和广大投资者带来重大的不利影响（Burns 和 Kedia，2006；马晨等，2015）。一系列的文献试图寻找会计差错、财务重述发生的原因。这些研究主要关注 CEO 或整个高管团队的动机（Burns 和 Kedia，2006；马晨和张俊瑞，2012）。王福胜和程富（2014）从高层梯队理论的视角进行分析，认为洞察能力、价值选择及认知层面是高管背景特征的重要表现，高管在管理工作中的偏好选择便是由这些因素决定的。一个公司会计政策的制定者或决策者（CFO），其个人特征同样可能对公司的会计政策选择产生影响。然而，令人意外的是，研究 CFO 薪酬契约安排动机

对财务报告质量影响的文献较少，毕竟 CFO 是作为具有专业能力的对财务报告质量负责的公司高管。且 CFO 的财务决策行为经常会受到 CEO 的不良干预，由于企业当中的代理冲突矛盾屡见不鲜，因而干预到其执行财务判断的事件时有发生（向锐，2015）。同时，向锐（2015）认为，若 CFO 与 CEO 合谋造假，会给 CFO 职业生涯带来很大污点。因此，从保护自身声誉角度出发，CFO 会及时与董事会内部成员沟通自身熟悉的公司财务战略信息，通过减少信息差的行为，以达到限制 CEO 的机会主义行为的目的。这点从经验数据上也是得到了一定的证实。邱昱芳、贾宁和吴少凡（2011）根据证监会组织的对我国上市公司财务负责人的专项调查结果发现，财务负责人的专业能力对会计信息质量有一定的正向影响。刘永丽（2015）发现 CFO 权力越大，越能够根据自身的专业背景对公司的发展和决策作出判断，不受高层关于一些政治任务及其他目的而作出对利润的粉饰要求的影响，会计稳健性应当越高。Ge、Matsumoto 和 Zhang（2011）通过实证研究发现 CFO 个人特征会影响到会计选择。

CFO 通常要负责财务计划、预算、内部控制以及财务报告（Feng 等，2011）。如果出现了会计操纵的情形，则一定意味着 CFO 未能起到应有的监督责任。另外，CFO 如果有意图参与会计操纵，更加能够利用自身的专长去虚增利润。比如，Stuart G. Lasher，Silk Greenhouse 的前 CFO，制造了一系列的虚假记录和工作底稿以作为推迟费用入账的借口。Feng 等（2011）用薪酬契约安排作为薪酬动机的代理变量，分析了 CEO、CFO 自身的薪酬动机对财务报告质量的影响，他们发现 CFO 进行盈余管理不是因为自身的股权动机，而是由于受到具有股权动机的 CEO 的压力导致的。从相关文献可以看出，尽管国内外学者关注过 CEO、CFO 薪酬动机对会计错报的影响，但鲜有关注 CEO

与 CFO 薪酬契约安排的差异对会计信息质量的影响。已有研究主要停留在 CEO 或 CFO 的薪酬激励与盈余管理之间的关系上，而本章对此进行了一定的补充，综合 CEO 与 CFO 薪酬契约安排并关注二者差异对会计错报的影响作用。本章的结论表明 CEO 与 CFO 的薪酬契约安排共同影响到会计信息质量。鉴于上述的分析，本章认为薪酬契约安排一方面能够激励 CEO 与 CFO 为了个人薪酬努力地去创造股东财富的增值，但同时也会使得 CEO 与 CFO 有动机操纵财务报表以实现个人利益。针对 CEO、CFO 个人薪酬契约安排动机，本章根据上述分析提出如下假设：

H_{3-1}：CEO 薪酬契约安排正向影响公司的会计错报。

H_{3-2}：CFO 薪酬契约安排正向影响公司的会计错报。

3.2.2　CEO 与 CFO 薪酬契约安排动机差异对会计信息质量的影响

在我国，学术界和业界认为，一方面，CFO 应该在公司治理中扮演着重要而独特的角色，其既应该负有监督责任，即履行对 CEO 监督特别是财务方面的监督职能，又应该对外客观、公允地披露财务报告，承担与 CEO 相同的法律责任，以切实维护财务报告使用者的合法权益；另一方面，由于公司各种经营决策都离不开财务的可行性分析，使得 CFO 应该参与公司决策，并履行相应的管理职能（林大庞和苏冬蔚，2012）。但是由于 CFO 在履行公司治理职责的过程中尚不具有充分的实力担负起监督 CEO 的任务，当 CEO 与 CFO 存在利益冲突时，中国现阶段的制度环境和公司治理结构尚不足以支持 CFO 抵御 CEO 的压力（孙光国和郭睿，2015），使得我国 CFO 薪酬激励的公司治理效应可能显著区别于西方发达国家。此外，一般而言，CEO 由董事会聘任，而 CFO 则由 CEO 提名再由董事会通过，因此从理论上说

CFO是经由CEO挑选，其法定性权力应当比CEO的更小，以致CEO获得公司的薪酬激励程度比CFO更大，进而使得CEO薪酬比CFO薪酬对业绩更加敏感。

然而，很多学者却持有不同的观点。林大庞和苏冬蔚（2012）发现尽管CEO股权激励对盈余管理的抑制作用显著大于CFO，然而在诱发盈余管理行为方面两者却不存在显著差异。Chava和Purnanandam（2010）发现CFO较高的薪酬契约安排会产生较高的应计管理，他们发现CFO的薪酬契约安排对总应计项目的影响作用甚至大于CEO。Jiang、Petroni和Wang（2010）发现相对于CEO的权益动机，CFO的权益动机会导致可操控应计程度更大幅度的增长。他们解释，这是由于CFO对财务系统的管理负有最终责任，包括财务报告的编制，这种影响超过了CEO薪酬契约安排动机对财务报告质量的影响。此外，盈余管理是一种非常重要的工具，CFO可以利用自身的专业为其薪酬契约安排动机服务，而CEO则有许多其他方面的监督责任以及其他工具可以利用以实现自身利益。Indjejikian和Matejka（2009）认为尽管CEO的薪酬契约安排动机更强，然而CFO才是财务报告过程中的主要负责人，如果CFO薪酬契约安排动机较强，反而会削弱他们在降低利润中所含错报程度的作用。也就是说，尽管薪酬契约安排动机强有助于刺激CFO的工作动力，但可能也会促成其机会主义行为。他们还发现董事会在萨班斯法案之后降低了CFO的薪酬契约安排动机，以抑制其会计造假行为。

已有研究更多地单独研究CEO、CFO薪酬契约安排动机与会计信息质量之间关系，鲜有关注CEO、CFO的薪酬契约安排差异对财务报告质量的影响作用。Feng等（2011）从盈余管理发生的原因出发分析了CEO、CFO在这方面的区别。利用理论模型研究了 1982—2005 年共计 499 家存在会计操纵行为的公司，发现 CFO 进行盈余操纵并不一定能获得足够的自身利益，而且 CFO 进行会计操纵是由于 CEO 的压力而不是自身的薪酬动机。

薪酬动机越大，越能够降低代理成本，将高管个人利益同股东利益结合在一起（Jensen 和 Murphy，1990），这点既适用于 CEO，也适用于 CFO。但另一方面，较高的薪酬动机会使得 CEO、CFO 个人为了追求个人薪酬而去操纵会计利润。CEO 薪酬动机更多的是一种机会主义行为，这点在已有文献中被广泛证实（Burns 和 Kedia，2006）。而 CFO 的薪酬契约安排动机更多体现的是两面性，履行对 CEO 在公司财务方面的监督职责，同时具有潜在的机会主义行为（Indjejkian 和 Matejka，2009）。因此，本章认为，考虑高管薪酬契约安排动机对财务报告质量影响时，应当对 CEO 与 CFO 的薪酬契约安排综合考虑，CEO 与 CFO 薪酬契约安排的差异体现了二者对财务报告质量的综合影响。当 CEO 薪酬契约安排高于 CFO 薪酬契约安排时，薪酬契约相对来说更加符合 CEO 而非 CFO 的个人意愿，CFO 监督意愿和能力会降低，监督职责自然难以有效发挥。而且随着二者间薪酬契约安排差异的增加，CFO 更加难以发挥对 CEO 的牵制和制衡作用，公司发生会计错报的概率随之提升。由此，本章提出假设：

H_{3-3}：随着 CEO 与 CFO 薪酬契约安排差异的增加，公司发生会计错报的概率随之提升。

3.2.3　管理层权力对高管薪酬契约安排、会计信息质量的影响研究

Bebchuk 等（2002）提出了薪酬契约“管理层权力假说”，认为不断扩大的管理层权力影响了薪酬契约的激励效果，如果高管可以自定薪酬，契约就是失效的。管理层权力理论认为，薪酬

契约安排的提高并不一定意味代理成本的减少，因为企业业绩包含着强烈的噪音，如管理层自身对公司业绩的盈余操纵。因此，在考察薪酬契约安排对财务报告质量影响时，不能忽视管理层权力的作用。在我国，管理层权力有时甚至能够直接干预管理层薪酬体系的设计。权小锋、吴世农和文芳（2010）对此也进行了证实，他们发现管理层权力越大，薪酬与操纵性业绩之间的敏感性越大，表明随着权力的增长，管理层更倾向利用盈余操纵获取绩效薪酬。还有很多学者也证实了管理层权力会影响到契约的制定。刘星和徐光伟（2012）发现，高管利用手中权力影响自身契约，导致薪酬具有向下的刚性和向上的弹性。薪酬契约安排存在不对称现象，说明高管利用手中权力具有获取私利的动机。陈修德（2012）发现当管理层相对于董事会的权力越大，高管薪酬将越高或是其薪酬与业绩之间的关联性会越小。

另外，王克敏和王志超（2007）提出尽管高管权力的增加使得高管可以自定薪酬，但却降低了高管报酬诱发盈余管理的程度。他们认为，我国缺乏投资者保护机制，企业的外部监管机制薄弱，这会导致高管的激励约束机制失灵，进而使得高管利用控制权谋取私人利益的寻租渠道多元化。这样一来，实现个人利益最大化的渠道不单单是会计操纵，管理层操纵报表的动机会下降，转而通过其他渠道去寻求一己私利的实现。他们将这种高管控制权增加描述为从“遵守报酬游戏规则转变为制定报酬游戏规则”。Dow 和 Raposo（2005）提出权力较大的管理层不会基于薪酬目的进行盈余管理，但可能基于其他目的进行盈余管理，且权力较小的管理层可能为提高自身薪酬而进行盈余管理。

以往研究 CEO 权力的文献得出的结论主要集中于 CEO 权力会提升自身薪酬（Bebchuk 等，2002），不利于会计信息质量

(Dow 和 Raposo，2005)，即管理层权力视角。从这样的视角来说，如果 CEO 权力远远大于 CFO 权力，则更能够有助于 CEO、CFO 薪酬契约安排差异对会计错报的影响作用。另外，如果 CEO 权力较大，难以被制衡，可能会打破原有的均衡或企业内部形成的制度安排，比如薪酬契约，进而使得薪酬契约难以有效发挥相应的作用。而且 CEO 权力过大时可以通过其他渠道而不仅仅局限于会计操纵去实现一己私利，比如直接追加年薪、奖金制度，减少了选择风险和成本较高的盈余管理行为（王克敏和王志超，2007）。在这种情形下，CEO、CFO 权力差异可能会弱化 CEO、CFO 薪酬契约安排差异对会计错报的影响作用。由此，本章提出竞争性假设：

H_{3-4a}：CEO、CFO 权力差异会强化 CEO、CFO 薪酬契约安排差异对会计错报的影响。

H_{3-4b}：CEO、CFO 权力差异会弱化 CEO、CFO 薪酬契约安排差异对会计错报的影响。

基于假设 H_{3-1}—H_{3-4}，本章的理论检验模型如图 3-1 所示。

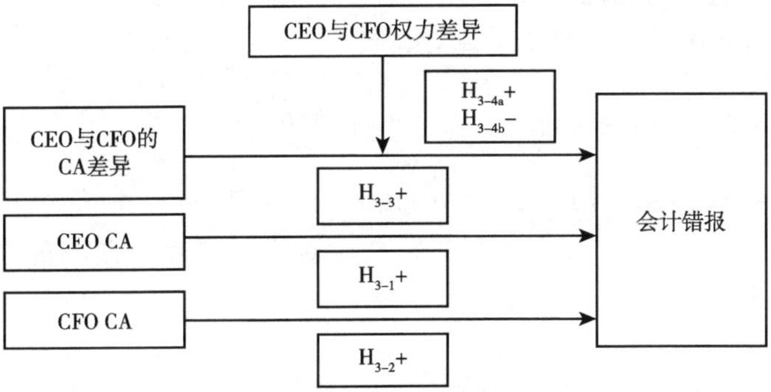

图 3-1　理论与假设模型

3.3 研究设计

3.3.1 样本选择

本章选取2003—2015年中国上市公司的年报数据，通过手工收集、整理，结合巨潮资讯网站搜索更正、差错、调整关键词，最终得到2005—2014年共1497个发生错报的观测值①。本章错报样本的数据与会计账务处理直接挂钩，与年报补丁大相径庭，且不包括与股票拆分、发放股利、终止经营、会计政策变化、并购有关的事项。本章将初始样本从两方面进行筛选。首先，删除了4个金融保险类数据。原因如下：金融保险行业的会计处理方法不同于日常企业；其较高的薪酬体系受到银监会的监管。其次，剔除了686个CEO、CFO薪酬契约安排缺省的错报观测值。最终，本章结合其他控制变量得到697个错报观测值以及12507个非错报观测值。薪酬契约安排、高管权力以及其他控制变量的数据来源于CSMAR数据库。在进行分析时，由于数据的可获得性，分析样本可能有差异。

3.3.2 研究设计

按照Jensen和Murphy（1990）以及Jayaraman和Milbourn（2012）的研究，本章将薪酬契约安排度量为高管薪酬的变化/

① 披露的错报样本是根据财务重述样本获得的，因此，错报的发生期要早于财务重述的发生期。另外，鉴于B股类上市公司的特殊规定，本章的会计错报样本不包含B股类公司。

（股东财富）企业价值的变化，具体为 $CA = \Delta Comp/(\Delta Earnings)$[①]。$\Delta Comp$[②] 为高管薪酬的变化量，$\Delta Earnings$ 为净利润的变化量。因此，CEO 的薪酬薪酬契约安排 $CA\_CEO = \Delta Comp\_CEO/(\Delta Earnings)$，而 CFO 的薪酬契约安排为 $CA\_CFO = \Delta Comp\_CFO/(\Delta Earnings)$。

本章采用 Probit 回归模型，分别对 CEO、CFO 薪酬契约安排与公司发生会计错报之间的影响进行了检验。以下为关于假设 H_{3-1} 的回归模型。

针对假设 H_{3-1} 的回归模型如下（下标省略，下同）：

$$Mis_{it} = \alpha_0 + \alpha_1 CA\_CEO_{it} + \alpha_2 CA\_CFO_{it} + \alpha_3 Controls + \varepsilon \quad (3-1)$$

其中，Mis_{it} 为公司 i 发生会计错报的情况，t 年发生会计错报时为 1，否则为 0。Controls 为公司层面的控制变量。为了控制公司的盈利能力以及成长情况（马晨、程茂勇和张俊瑞，2014），本章控制了总资产收益率（ROA）以及总资产增长率（Agrow），还控制了公司的资产规模（Lna）以及资产负债率（Lev）。另外，外部审计也同公司发生会计错报有关，因此对会计师事务所规模（Big4）以及审计意见类型（AO）进行了控制。此外，本章还借鉴 Lobo 和 Zhao（2013）的研究，对市值规模（MB，market - to - book ratio）进行了控制。

本章还要通过 Probit 回归模型，以检验 CEO、CFO 薪酬契约安排差异对公司发生会计错报的影响。针对假设 H_{3-3} 的回归模

① 鉴于中国资本市场股票价格的波动性，本章未使用股票价值而是使用公司高管更为关注的业绩，即净利润衡量企业价值或股东财富。

② 本章的高管薪酬主要是现金薪酬，包括基本工资、红利以及奖金。此外，不同于其他国家，股票期权的授予和行权在我国还较少，鉴于数据有限，本章不考虑股票期权。

型如下：

$$Mis_{it} = \alpha_0 + \alpha_1 DCA_{it} + \alpha_2 Controls + \varepsilon \quad (3-2)$$

其中，DCA 为 CEO 与 CFO 薪酬契约安排的差异，即 DCA = CA_CEO - CA_CFO。Controls 为公司层面的控制变量，如前所述。

本章还考虑 CEO 与 CFO 的权力差异是否会调节二者薪酬契约安排差异对会计错报的影响。因此，要对权力差异模型进行相应的设计。借鉴王克敏和王志超（2007）、权小锋和吴世农（2010），本章用两个虚拟变量来衡量 CEO 的组织权力强度：CEO 是否兼任董事长以及 CEO 是否是公司董事会成员；用 CEO 的任职年限来度量其专家权力；本章还选择机构投资者的持股水平以及股权集中度来度量 CEO 的所有制权力强度。当 CEO 所在企业的机构投资者持股水平低于均值时，第一大股东持股比例与第二大股东持股比例的比值越大时，则 CEO 受到外部监督的力量就会越弱。本章还使用虚拟变量 CEO 是否持股以及 CEO 年龄来度量其声誉权力。本章在这些测度指标的基础上通过直接求和的方式合成 CEO 权力强度的综合指标（Power_CEO）①。同理，本章也针对 CFO 生成其权力强度的综合指标②。本章用虚拟变量 CFO 是否是公司董事会成员来衡量 CFO 的组织权力强度；用 CFO 的任职年限来度量其专家权力；本章还使用虚拟变量 CFO 是否持股以及 CFO 年龄来度量其声誉权力。在这些测度指标的基础上通过直接求和的方式合成 CFO 权力强度的综合指标（Power_CFO）。在此基础上，本章生成 CEO 与 CFO 权力差异指

---

① 没有考虑 CEO 的学历背景、政府层级等因素，因为缺省值较多。

② 本章没有对 CFO 生成所有制权力强度，这是由于不同于 CEO，CFO 无法达到对企业进行控制和操纵能力。

标，DPower = Power_CEO − Power_CFO。DPower 作为调节变量，本章用其与薪酬契约安排差异形成的交互项（DCA × DPower）以检验假设 H_{3-4}，回归模型如下：

$$Mis_{it} = \alpha_0 + \alpha_1 DCA_{it} + \alpha_2 DCA_{it} \times DPower_{it} + \alpha_3 DPower_{it} + \alpha_4 Controls + \varepsilon \quad (3-3)$$

其他变量如前所述，具体变量情况见表 3 − 1。

表 3 − 1　　变量说明表

变量类型	变量名称	经济含义	解　　释	预测符号
被解释变量	Mis	会计错报	某公司发生会计错报为 1，否则为 0	
解释变量	CA_CEO	CEO 薪酬契约安排	= ΔComp_CEO/(ΔEarnings)	+
	CA_CFO	CFO 薪酬契约安排	= ΔComp_CFO/(ΔEarnings)	+
	DCA	CEO 与 CFO 薪酬契约安排的差异	= CA_CEO − CA_CFO	+
	DPower	CEO 与 CFO 权力的差异	= Power_CEO − Power_CFO	N/A
控制变量	ROA	总资产收益率	表示盈利能力	−
	Lev	资产负债率	表示偿债能力	+
	Lna	总资产自然对数	衡量公司规模	−
	Agrow	成长情况	总资产增长率	+
	Big4	会计师事务所规模	如果公司的财务报告经“四大”会计师事务所审计为 1，否则为 0	−

续表

变量类型	变量名称	经济含义	解　　释	预测符号
控制变量	AO	审计意见类型	如果公司被出具标准审计意见为1，否则为0	-
	MB	市值/账面价值比	Market - to - bookratio	-
	∑Indu dummy	行业虚拟变量	当观测值为某一特定行业时取值1，其他为0，以控制行业影响	
	∑Year dummy	年度虚拟变量	当观测值为某一特定年度时为1，其他为0，以控制年度影响	

3.4　实证检验与结果分析

3.4.1　描述性统计

为更好地检验本章的假设，本章对连续变量在1%的水平上进行了缩尾，并按照观测值是否发生错报分组进行了描述性统计分析，结果见表3-2。

在非错报组中（Mis=0），CEO薪酬契约安排变量（CA_CEO）的均值为0.7280×10^{-4}，中位数为0；而在错报组中（Mis=1），CEO薪酬契约安排变量（CA_CEO）的均值为0.0051，中位数为0；CA_CEO在两组间的均值差异为-0.0051（t值=-3.4581），表明错报组中CA_CEO的均值要显著高于非错报组中CA_CEO的均值。在非错报组中（Mis=0），CFO薪酬契约安排变量（CA_CFO）的均值为0.2560×10^{-4}，中位数为

表 3-2 描述性统计表

变量	Mis	样本量	标准差	均值	中位数	最小值	最大值	均值差异
CA_CEO	0	12507	0.0229	0.7280×10^{-4}	0.0000	-2	1	-0.0051***
	1	697	0.1321	0.0051	0.0000	0.0000	3	(-3.4581)
CA_CFO	0	12507	0.0080	0.2560×10^{-4}	0.0000	0.0000	0.0000	-0.0012***
	1	697	0.0309	0.0012	0.0000	0.0000	1	(-2.8443)
DCA	0	12507	0.0235	0.4710×10^{-4}	0.0000	-2	2	-0.0039***
	1	697	0.1014	0.0040	0.0000	0.0000	3	(-3.0701)
DPower	0	9731	1.4554	0.9165	1.0000	-13.0000	14.0000	0.1524**
	1	534	1.4355	0.7640	1.0000	-8.0000	9.0000	(2.3577)
ROA	0	12507	0.0613	0.0391	0.0370	-0.3495	0.2100	0.0256***
	1	697	0.0857	0.0135	0.0229	-0.3495	0.2100	(10.4686)
Lev	0	12507	0.2354	0.4667	0.4641	0.0495	1.6444	-0.0786***
	1	697	0.2806	0.5453	0.5492	0.0495	1.6444	(-8.4869)
Lna	0	12507	1.3652	21.8136	21.6313	14.9416	30.4491	0.3923***
	1	697	1.1822	21.4213	21.3504	17.0487	26.2207	(7.4332)

续表

变量	Mis	样本量	标准差	均值	中位数	最小值	最大值	均值差异
Agrow	0	12507	0.3807	0.1919	0.1099	−0.4381	2.8890	0.0286*
	1	697	0.4519	0.1633	0.0661	−0.4381	2.8890	(1.9065)
MB	0	12507	1.7315	1.9850	1.4882	0.1895	10.2890	0.0391
	1	697	1.7421	1.9459	1.4642	0.1895	10.2890	(0.5797)
Big4	0	12507	0.2514	0.0678	0.0000	0.0000	1.0000	0.0492***
	1	697	0.1354	0.0187	0.0000	0.0000	1.0000	(5.1199)
AO	0	12507	0.1866	0.9639	1.0000	0.0000	1.0000	0.0887***
	1	697	0.3308	0.8752	1.0000	0.0000	1.0000	(11.5728)

注：括号内表示t值；***、**、*分别表示在1%、5%以及10%的水平上显著（双尾检验）。

0；而在错报组中（Mis = 1），CFO薪酬契约安排变量（CA_CFO）的均值为0.0012，中位数为0；CA_CFO在两组间的均值差异为-0.0012(t值 = -2.8443)，表明错报组中CA_CFO的均值要显著高于非错报组中CA_CFO的均值。在非错报组中（Mis = 0），CEO与CFO薪酬契约安排差异变量（DCA）的均值和中位数分别为0.4710×10^{-4}和0；而在错报组中（Mis = 1），薪酬契约安排差异变量（DCA）的均值和中位数分别为0.0040和0；DCA在两组间的均值差异为-0.0039(t值 = -3.0701)，表明错报组中DCA的均值要显著高于非错报组中DCA的均值。在非错报组中（Mis = 0），CEO与CFO权力差异变量（DPower）的均值和中位数分别为0.9165和1；而在错报组中（Mis = 1），权力差异变量（DPower）的均值和中位数分别为0.7640和1；DPower在两组间的均值差异为0.1524(t值 = 2.3577)，表明错报组中DPower的均值要显著低于非错报组中DPower的均值。控制变量方面，在非错报组中（Mis = 0），公司业绩变量（ROA）的均值和中位数为0.0391与0.0370；而在错报组中（Mis = 1），公司业绩变量（ROA）的均值和中位数分别为0.0135与0.0229；ROA在两组间的均值差异为0.0256(t值 = 10.4686)，表明错报组中ROA的均值要显著低于非错报组中ROA的均值。类似地，非错报组中资产负债率变量（Lev）要显著低于错报组，而公司规模（Lna）、公司成长情况（Agrow）、由四大会计师事务所审计（Big4）以及被出具标准审计意见（AO）在非错报组中的均值显著高于在错报组中的均值。

3.4.2 Probit回归

本章首先针对假设H_{3-1}与H_{3-2}，检验CEO与CFO薪酬契约安排对公司发生会计错报的影响，具体结果反映在表3-3中。

第（1）列与第（2）列检验了 CEO 薪酬契约安排对会计错报的影响。在第（1）列中，CA_CEO 的回归系数为 0.8415（z 值 = 4.3966），在 1% 的水平上显著，表明 CEO 薪酬契约安排正向影响公司发生会计错报的概率，假设 H_{3-1} 得到了验证。类似地，在第（2）列中，考虑了其他控制变量的影响，CA_CEO 的回归系数为 0.8576（z 值 = 4.6074），在 1% 的水平上显著，表明在考虑相关控制变量的情况下，CEO 薪酬契约安排正向影响公司发生会计错报的概率，假设 H_{3-1} 再次得到了验证。第（3）列与第（4）列检验了 CFO 薪酬契约安排对会计错报的影响。在第（3）列中，CA_CFO 的回归系数为 2.5583（z 值 = 2.4831），在 5% 的水平上显著，表明 CFO 薪酬契约安排正向影响公司发生会计错报的概率，假设 H_{3-2} 得到了验证。类似地，在第（4）列中，考虑了其他控制变量的影响，CA_CFO 的回归系数为 2.7614（z 值 = 2.9263），在 1% 的水平上显著，表明在考虑相关控制变量的情况下，CFO 薪酬契约安排正向影响公司发生会计错报的概率，假设 H_{3-2} 再次得到了验证。第（5）列与第（6）列将 CEO 与 CFO 薪酬契约安排放在一起进行回归。CA_CEO 的回归系数在第（5）列与第（6）列中均在 1% 的水平上显著为正，而 CA_CFO 的回归系数尽管为正，但不显著。整体上来看，CEO 与 CFO 薪酬契约安排对会计错报的正向影响得到了证实。进一步，通过卡方检验（chi^2 = 0.02），本章发现，在第（6）列中，CA_CEO 与 CA_CFO 的回归系数不存在显著差异，本章未发现 CEO 与 CFO 薪酬契约安排对会计错报的影响大小孰高孰低。另外，在控制变量方面，盈利能力（ROA）、公司规模（Lna）、账面市值比（MB）、会计师事务所规模（Big4）以及标准审计意见（AO）负向地影响公司发生会计错报的概率。

表 3-3　CEO 与 CFO 薪酬契约安排对会计错报影响的回归结果

	(1)	(2)	(3)	(4)	(5)	(6)
	Mis	Mis	Mis	Mis	Mis	Mis
CA_CEO	0.8415 *** (4.3966)	0.8576 *** (4.6074)			0.7815 *** (3.1184)	0.7742 *** (3.3220)
CA_CFO			2.5583 ** (2.4831)	2.7614 *** (2.9263)	0.3937 (0.3863)	0.5917 (0.5883)
ROA		-1.2810 *** (-3.6920)		-1.2798 *** (-3.6884)		-1.2809 *** (-3.6918)
Lev		0.1507 (1.4437)		0.1502 (1.4378)		0.1504 (1.4403)
Lna		-0.0443 * (-1.8744)		-0.0442 * (-1.8703)		-0.0443 * (-1.8732)
Agrow		0.0483 (0.8344)		0.0482 (0.8326)		0.0482 (0.8340)
MB		-0.0344 ** (-2.0372)		-0.0342 ** (-2.0317)		-0.0343 ** (-2.0342)
Big4		-0.4597 *** (-2.6603)		-0.4627 *** (-2.6706)		-0.4604 *** (-2.6625)
AO		-0.4459 *** (-4.5417)		-0.4470 *** (-4.5519)		-0.4462 *** (-4.5443)
∑Indu dummy	已控制	已控制	已控制	已控制	已控制	已控制
∑Year dummy	已控制	已控制	已控制	已控制	已控制	已控制

续表

	(1)	(2)	(3)	(4)	(5)	(6)
	Mis	Mis	Mis	Mis	Mis	Mis
常数项	−9.3668 *** (−20.2778)	−8.3711 *** (−13.9600)	−9.3661 *** (−37.8960)	−8.3728 *** (−13.7981)	−9.3667 *** (−86.3131)	−8.3717 *** (−34.0605)
CA_CEO = CA_CFO						$chi^2=0.02$
N	13204	13204	13204	13204	13204	13204
Pseudo R^2	0.0903	0.1165	0.0901	0.1163	0.0904	0.1165

注：对标准误按照公司代码和年度进行了聚类；括号内表示 z 值；***、**、* 分别表示在 1%、5% 以及 10% 的水平上显著（双尾检验）。

本章针对假设 H_{3-3}，检验 CEO 与 CFO 薪酬契约安排差异对公司发生会计错报的影响，具体结果反映在表 3－4 中。第（1）列与第（2）列检验了薪酬契约安排差异对会计错报的影响。在第（1）列中，DCA 的回归系数为 0.8829（z 值＝2.9111），在 1% 的水平上显著，表明 CEO 与 CFO 薪酬契约安排差异正向影响公司发生会计错报的概率，假设 H_{3-3}得到了验证。类似地，在第（2）列中，考虑了其他控制变量的影响，DCA 的回归系数为 0.8829（z 值＝3.0224），在 1% 的水平上显著，表明在考虑相关控制变量的情况下，CEO 与 CFO 薪酬契约安排差异正向影响公司发生会计错报的概率，假设 H_{3-3}再次得到了验证。另外，在控制变量方面，盈利能力（ROA）、公司规模（Lna）、账面市值比（MB）、会计师事务所规模（Big4）以及标准审计意见（AO）负向地影响公司发生会计错报的概率。

表 3－4　CEO 与 CFO 薪酬契约安排差异对会计错报影响的回归结果

	(1)	(2)
	Mis	Mis
DCA	0. 8829 *** (2. 9111)	0. 8829 *** (3. 0224)
ROA		－1. 2806 *** (－3. 6912)
Lev		0. 1515 (1. 4508)
Lna		－0. 0444 * (－1. 8787)
Agrow		0. 0483 (0. 8344)
MB		－0. 0345 ** (－2. 0441)
Big4		－0. 4588 *** (－2. 6551)
AO		－0. 4455 *** (－4. 5377)
∑Indu dummy	已控制	已控制
∑Year dummy	已控制	已控制
常数项	－9. 3669 *** (－12. 9043)	－8. 3688 *** (－12. 9044)
N	13204	13204
Pseudo R^2	0. 0902	0. 1164

注：对标准误按照公司代码和年度进行了聚类；括号内表示 z 值；***、**、* 分别表示在 1%、5% 以及 10% 的水平上显著（双尾检验）。

进一步，本章还要检验CEO与CFO薪酬契约安排差异对会计错报的影响是否会受到CEO与CFO权力差异的调节。表3-5列示了薪酬契约安排差异、权力差异对会计错报影响的Probit回归结果。第（1）列与第（2）列检验了薪酬契约安排差异、权力差异对会计错报的影响。在第（1）列中，DCA的回归系数为0.6070(z值=2.5765)，在1%的水平上显著，表明CEO与CFO薪酬契约安排差异正向影响公司发生会计错报的概率；而DCA与DPower的交互项（DCA×DPower）的回归系数为-0.5995(z值=-2.5117)，在5%的水平上显著，表明CEO与CFO权力差异负向调节薪酬契约安排差异对会计错报的影响，即弱化了薪酬契约安排对会计错报的正向影响，假设H_{3-4b}得到了验证。类似地，在第（2）列中，考虑了其他控制变量的影响，DCA的回归系数为0.6251(z值=2.7422)，在1%的水平上显著；而DCA与DPower的交互项（DCA×DPower）的回归系数为-0.5859(z值=-2.4831)，在5%的水平上显著，假设H_{3-4b}再次得到了验证。另外，在控制变量方面，盈利能力（ROA）、账面市值比（MB）、会计师事务所规模（Big4）以及标准审计意见（AO）负向地影响公司发生会计错报的概率。

表3-5　　CEO与CFO权力差异的调节作用

	(1)	(2)
	Mis	Mis
DCA	0.6070*** (2.5765)	0.6251*** (2.7422)
DCA×DPower	-0.5995** (-2.5117)	-0.5859** (-2.4831)
DPower	-0.0222 (-1.3225)	-0.0182 (-1.0901)

续表

	(1)	(2)
	Mis	Mis
ROA		-0.8345 ** (-1.9913)
Lev		0.1986 (1.6139)
Lna		-0.0336 (-1.2403)
Agrow		0.0626 (0.8860)
MB		-0.0359 * (-1.9030)
Big4		-0.3956 * (-1.9530)
AO		-0.5217 *** (-4.4350)
∑Indu dummy	已控制	已控制
∑Year dummy	已控制	已控制
常数项	-9.3300 *** (-3.4418)	-5.4928 *** (-8.7960)
N	10265	10265
Pseudo R^2	0.0965	0.1183

注：对标准误按照公司代码和年度进行了聚类；括号内表示 z 值；***、**、* 分别表示在 1%、5% 以及 10% 的水平上显著（双尾检验）。

3.4.3 进一步分析

(1) 对舞弊的考虑。

会计错报通常有两种情形引起，一种是错误，而另一种为舞弊，是一种管理层的机会主义行为。如果薪酬契约安排是造成CEO、CFO操纵报表的薪酬动机，那么在研究薪酬契约安排差异对会计错报影响时，也应当进一步考虑会计错报究竟是由舞弊还是差错引起的。舞弊引起的错报是一种蓄意的机会主义行为，同薪酬动机相关。借鉴马晨等（2015）以及Ma、Zhang和Yang（2015）的做法，本章使用关键词查找会计信息，如“虚增”“虚减”等；另外，如果监管部门介入，如财政机关、证监会、审计署等认为公司会计信息披露不实，要求上市公司整改。符合以上两个条件之一的情形即被认定为由财务舞弊导致的会计错报。在此基础上生成因变量Misfraud，公司未发生会计错报时，Misfraud取值为0，发生由差错导致的会计错报时取值为1，发生由舞弊导致的会计错报时取值为2。Misfraud的取值范围在[0, 2]且为离散变量。因此，针对因变量Misfraud，本章进行了Ordered Probit回归，表3-6列示了回归结果。

表3-6　CEO与CFO薪酬契约安排对财务舞弊影响的回归结果

	(1)	(2)	(3)	(4)	(5)	(6)
	Misfraud	Misfraud	Misfraud	Misfraud	Misfraud	Misfraud
CA_CEO	0.9854*** (4.7618)	1.0065*** (5.0110)			0.9030*** (3.4550)	0.8985*** (3.7134)
CA_CFO			3.0974*** (2.7628)	3.3240*** (3.2775)	0.5236 (0.5210)	0.7279 (0.7574)
ROA		-1.2867*** (-3.8043)		-1.2848*** (-3.7988)		-1.2866*** (-3.8039)
Lev		0.1301 (1.2739)		0.1294 (1.2659)		0.1296 (1.2689)

续表

	(1)	(2)	(3)	(4)	(5)	(6)
	Misfraud	Misfraud	Misfraud	Misfraud	Misfraud	Misfraud
Lna		-0.0329 (-1.4119)		-0.0328 (-1.4066)		-0.0329 (-1.4104)
Agrow		0.0502 (0.8452)		0.0501 (0.8431)		0.0502 (0.8447)
MB		-0.0305* (-1.8433)		-0.0303* (-1.8369)		-0.0304* (-1.8394)
Big4		-0.4529** (-2.4120)		-0.4569** (-2.4244)		-0.4538** (-2.4148)
AO		-0.4143*** (-4.2975)		-0.4158*** (-4.3119)		-0.4147*** (-4.3011)
∑Indu dummy	已控制	已控制	已控制	已控制	已控制	已控制
∑Year dummy	已控制	已控制	已控制	已控制	已控制	已控制
CA_CEO = CA_CFO						chi^2 = 0.02
cut1						
常数项	9.3652*** (36.0367)	8.6013*** (13.4416)	9.3646*** (36.0320)	8.6033*** (16.7248)	9.3651*** (36.0367)	8.6020*** (31.3964)
cut2						
常数项	10.0333*** (39.4983)	9.2840*** (14.3879)	10.0323*** (39.4937)	9.2857*** (18.1032)	10.0333*** (39.4982)	9.2848*** (33.1306)
N	13204	13204	13204	13204	13204	13204
Pseudo R^2	0.0789	0.1000	0.0786	0.0998	0.0789	0.1001

注：对标准误按照公司代码和年度进行了聚类；括号内表示 z 值；***、**、* 分别表示在 1%、5% 以及 10% 的水平上显著（双尾检验）。

表3－6针对假设H_{3-1}与H_{3-2}，检验了CEO与CFO薪酬契约安排对财务舞弊的影响。其中，第（1）列与第（2）列检验了CEO薪酬契约安排对财务舞弊的影响。CA_CEO的回归系数在第（1）列与第（2）列均显著为正，且在1%的水平上显著，表明随着CEO薪酬契约安排的增加，公司发生的会计错报更加可能是由于蓄意的财务舞弊而不是疏忽导致。第（3）列与第（4）列检验了CFO薪酬契约安排对财务舞弊的作用。CA_CFO的回归系数在第（3）列与第（4）列均显著为正，且在1%的水平上显著，表明随着CFO薪酬契约安排的增加，公司发生的会计错报更加可能是由于蓄意的财务舞弊而不是疏忽导致。第（5）列与第（6）列将CEO与CFO薪酬契约安排放在一起进行回归。CA_CEO的回归系数在第（5）列与第（6）列中均在1%的水平上显著为正，而CA_CFO的回归系数尽管为正，但不显著。从整体上来看，CEO与CFO薪酬契约安排对财务舞弊具有正向影响。进一步，通过卡方检验（$chi^2=0.02$），本章发现，在第（6）列中，CA_CEO与CA_CFO的回归系数不存在显著差异，本章未发现CEO与CFO薪酬契约安排对财务舞弊的影响作用孰大孰小。这些结果说明，CEO与CFO薪酬契约安排对会计错报的影响不因错报原因而发生改变。

本章还对CEO与CFO薪酬契约安排差异、权力差异对财务舞弊的影响进行了Ordered Probit回归分析。表3－7中的第（1）列与第（2）列检验了CEO与CFO薪酬契约安排差异对财务舞弊的影响。DCA的回归系数在第（1）列与第（2）列中均显著为正，且在1%的水平上显著，表明随着CEO与CFO薪酬契约安排差异的增加，公司发生的会计错报更加可能是由于蓄意的财务舞弊而不是疏忽导致。表3－7中的第（3）列与第

(4) 列检验了 CEO 与 CFO 权力差异对薪酬契约安排差异与财务舞弊之间关系的调节作用。DCA 的回归系数在第 (3) 列与第 (4) 列中均显著为正，且在 1% 的水平上显著；而 DCA 与 DPower 的交互项 (DCA × DPower) 的回归系数在 1% 的水平上显著为负，表明 CEO 与 CFO 权力差异会弱化其薪酬契约安排差异与财务舞弊之间的关系。这说明，CEO 与 CFO 薪酬契约安排差异、权力差异对会计错报的影响不因错报原因而发生改变。

表 3-7　CEO 与 CFO 权力差异的调节作用（考虑舞弊）

	(1)	(2)	(3)	(4)
	Misfraud	Misfraud	Misfraud	Misfraud
DCA	1.0379 *** (3.0316)	1.0442 *** (3.1512)	0.6818 *** (2.7707)	0.6999 *** (2.9480)
DCAD × Power			-0.7381 *** (-3.0149)	-0.7327 *** (-3.0467)
DPower			-0.0222 (-1.4005)	-0.0185 (-1.1741)
ROA		-1.2862 *** (-3.8032)		-0.8094 ** (-1.9961)
Lev		0.1311 (1.2839)		0.1840 (1.5320)
Lna		-0.0330 (-1.4174)		-0.0228 (-0.8547)
Agrow		0.0502 (0.8452)		0.0743 (1.0201)
MB		-0.0306 * (-1.8523)		-0.0302 (-1.6404)

续表

	(1)	(2)	(3)	(4)
	Misfraud	Misfraud	Misfraud	Misfraud
Big4		-0.4517** (-2.4062)		-0.3789* (-1.7118)
AO		-0.4137*** (-4.2917)		-0.4979*** (-4.3259)
∑Indu dummy	已控制	已控制	已控制	已控制
∑Year dummy	已控制	已控制	已控制	已控制
cut1				
常数项	9.3653*** (24.3786) (36.0367)	8.5985*** (25.4484)	9.3804*** (8.6795)	5.7598*** (9.3613)
cut2				
常数项	10.0332*** (24.8092)	9.2810*** (26.5146)	10.0639*** (9.5821)	6.4552*** (10.5470)
N	13204	13204	10265	10265
Pseudo R^2	0.0788	0.0999	0.0840	0.1016

注：对标准误按照公司代码和年度进行了聚类；括号内表示 z 值；***、**、* 分别表示在 1%、5% 以及 10% 的水平上显著（双尾检验）。

（2）对非错报样本的重新考虑。

按照马晨、程茂勇和张俊瑞（2014）的做法，由于经历过错报的公司在其他未发生错报的年度可能在会计信息的生成方面存在缺陷，本章对这部分观测值进行了剔除。针对 697 个错报观测值以及 8001 个非错报观测值，再次进行了回归，结果如表 3-8 所示。

表 3-8　错报、审计费用、会计师事务所违规的回归结果（考虑长期声誉）

	(1)	(2)	(3)	(4)	(5)
	Mis	Mis	Mis	Mis	Mis
CA_CEO	0.7913 *** (4.1924)		0.7231 *** (3.2129)		
CA_CFO		2.8883 *** (2.7335)	0.6820 (0.5516)		
DCA				0.8038 *** (2.9009)	0.6321 *** (2.6667)
DCA × DPower					-0.4512 * (-1.9275)
DPower					-0.0207 (-1.1050)
ROA	-1.9480 *** (-4.4458)	-1.9478 *** (-4.4457)	-1.9482 *** (-4.4464)	-1.9472 *** (-4.4438)	-1.4624 *** (-2.7892)
Lev	0.5491 *** (4.0804)	0.5475 *** (4.0682)	0.5485 *** (4.0753)	0.5502 *** (4.0888)	0.5955 *** (3.7540)
Lna	-0.0625 ** (-2.3960)	-0.0625 ** (-2.3938)	-0.0625 ** (-2.3959)	-0.0626 ** (-2.3983)	-0.0497 * (-1.6485)
Agrow	0.0530 (0.7596)	0.0530 (0.7593)	0.0530 (0.7593)	0.0530 (0.7593)	0.0699 (0.8671)
MB	-0.0290 (-1.4374)	-0.0290 (-1.4348)	-0.0290 (-1.4353)	-0.0291 (-1.4420)	-0.0272 (-1.2206)
Big4	-0.6114 *** (-3.2149)	-0.6114 *** (-3.2156)	-0.6114 *** (-3.2151)	-0.6113 *** (-3.2144)	-0.5507 ** (-2.4388)
AO	-0.5695 *** (-4.8847)	-0.5713 *** (-4.9010)	-0.5698 *** (-4.8879)	-0.5690 *** (-4.8807)	-0.6679 *** (-4.8733)

续表

	(1)	(2)	(3)	(4)	(5)
	Mis	Mis	Mis	Mis	Mis
Σ Indu dummy	已控制	已控制	已控制	已控制	已控制
Σ Year dummy	已控制	已控制	已控制	已控制	已控制
常数项	-7.6973*** (-14.9793)	-7.6923*** (-18.6677)	-7.6960*** (-19.7188)	-7.6979*** (-15.3898)	-5.1471*** (-7.6817)
N	8698	8698	8698	8698	6854
Pseudo R^2	0.1680	0.1678	0.1680	0.1679	0.1678

注：对标准误按照公司代码和年度进行了聚类；括号内表示 z 值；***、**、* 分别表示在 1%、5% 以及 10% 的水平上显著（双尾检验）。

表 3-8 中的第（1）列至第（3）分别检验了假设 H_{3-1} 与假设 H_{3-2}，即 CEO 与 CFO 薪酬契约安排对会计错报的影响。CA_CEO 与 CA_CFO 的回归系数均同之前保持一致，即正向影响公司的会计错报，表明本章的研究结论不受非错报样本选择方式的影响。针对假设 H_{3-3} 与假设 H_{3-4}，DCA 的回归系数在第（4）列与第（5）列中均在 1% 的水平上显著为正，表明 CEO 与 CFO 薪酬契约安排差异正向影响公司发生会计错报的概率，假设 H_{3-1} 再次得到验证；而 DCA 与 DPower 的交互项（DCA × DPower）的回归系数在 10% 的水平上显著为负，表明 CEO 与 CFO 权力差异弱化 CEO 与 CFO 薪酬契约安排差异与会计错报之间的关系，假设 H_{3-4b} 再次得到验证。

（3）配对样本分析。

为使得本章结论更为可靠，本章借鉴马晨和张俊瑞（2012）的做法，采用配对样本方法进行分析，按照年度、上市地、行业以及总资产规模（±20% 以内）四项标准。在此基础上，本章重新进行了回归分析，结果反映在表 3-9 中。

表 3-9　CEO 与 CFO 薪酬契约安排及其差异对会计错报影响的回归结果

	(1)	(2)	(3)	(4)	(5)	(6)	(7)	(8)
	Mis	Mis	Mis	Mis	Mis	Mis	Mis	Mis
CA_CEO	461.612*** (4.040)	543.220*** (4.605)			566.810*** (4.839)	640.125*** (5.046)		
CA_CFO			25.961*** (2.716)	25.066** (2.533)	-174.810*** (-3.121)	-157.277*** (-2.893)		
DCA							234.064*** (4.357)	228.936*** (4.262)
ROA		-1.423** (-2.003)		-1.321* (-1.878)		-1.403** (-1.979)		-1.326* (-1.883)
Lev		0.110 (0.516)		0.105 (0.498)		0.113 (0.530)		0.101 (0.476)
Lna		-0.009 (-0.174)		-0.019 (-0.376)		-0.014 (-0.261)		-0.019 (-0.369)
Agrow		0.143 (1.088)		0.133 (1.016)		0.148 (1.126)		0.141 (1.072)

续表

	(1)	(2)	(3)	(4)	(5)	(6)	(7)	(8)
	Mis	Mis	Mis	Mis	Mis	Mis	Mis	Mis
MB		-0.112*** (-3.043)		-0.107*** (-2.921)		-0.112*** (-3.061)		-0.107*** (-2.938)
Big4		-0.918*** (-3.083)		-0.916*** (-3.100)		-0.893*** (-3.007)		-0.886*** (-2.986)
AO		-0.436** (-2.555)		-0.410** (-2.408)		-0.427** (-2.503)		-0.408** (-2.401)
Σ Indu dummy	已控制	已控制	已控制	已控制	已控制	已控制	已控制	已控制
Σ Year dummy	已控制	已控制	已控制	已控制	已控制	已控制	已控制	已控制
常数项	-0.578 (-1.305)	0.131 (0.104)	-0.579 (-1.310)	0.331 (0.265)	-0.554 (-1.247)	0.244 (0.193)	-0.541 (-1.220)	0.364 (0.290)
N	910	910	910	910	910	910	910	910
Pseudo R^2	0.034	0.074	0.016	0.053	0.039	0.078	0.029	0.065

注：对标准误按照公司代码和年度进行了聚类；括号内表示 z 值；***、**、* 分别表示在 1%、5% 以及 10% 的水平上显著（双尾检验）。

表 3－9 中的第（1）列至第（6）列关注 CEO 与 CFO 薪酬契约安排对会计错报的影响。从中可以看出，CA_CEO 与 CA_CFO 的回归结果均显著为正，同之前结果保持一致，再次表明 CEO 与 CFO 薪酬契约安排均正向影响公司发生会计错报的概率。第（7）列至第（8）列关注 CEO 与 CFO 薪酬契约安排差异对会计错报的影响。从中可以看出，DCA 的回归系数均显著为正，同之前结果一致，再次表明 CEO 与 CFO 薪酬契约安排差异正向影响公司发生会计错报的概率。

3.5　小　　结

CEO 与 CFO 均要对财务报告的真实性和完整性负责。已有研究更多关注 CEO 薪酬动机对财务报告质量的影响，本章认为单纯关注 CEO 而忽视 CFO 的影响所得出的结论可能是有偏的。薪酬动机均会使得 CEO 与 CFO 有意愿去操纵报表以实现个人利益，薪酬动机还会使得 CFO 更加去履行自身作为财务监督人的职责，因此，有必要将 CEO 与 CFO 薪酬契约安排动机结合起来，即研究 CEO 与 CFO 薪酬契约安排动机差异对财务报告质量的影响。薪酬契约安排动机发挥作用的程度还离不开个人能力，因此本章对 CEO 与 CFO 权力差异也进行了考虑。

本章通过手工收集 2005—2014 年上市公司发生的会计错报数据，用薪酬契约安排作为薪酬动机的代理变量，检验了 CEO、CFO 薪酬契约安排对会计错报的影响，并考虑这种影响是否会受到 CEO 与 CFO 权力差异的调节。本章发现 CEO 与 CFO 薪酬契约安排均会正向影响公司会计错报；CEO 与 CFO 薪酬契约安排差异对公司发生会计错报具有正向的影响，表明随着 CEO 与

CFO 薪酬契约安排差异的增加，公司发生会计错报的概率随之上升。进一步，本章还发现 CEO 与 CFO 薪酬契约安排差异对会计错报的正向影响会受到 CEO 与 CFO 权力差异的负向调节，表明 CEO 权力越大于 CFO 时，CEO 越能够通过其他渠道实现机会主义行为，而不仅仅限于会计操纵，在这种情形下，CEO 与 CFO 薪酬契约安排差异对会计错报的正向影响作用反而会被弱化。此外，本章在进一步分析中还发现，随着 CEO 与 CFO 薪酬契约安排差异的增加，公司不但发生会计差错的概率会提升，在发生的差错中，更加可能是由舞弊而不是人为疏忽引起的。

本章的研究结论为上市公司的公司治理提供以下建议：第一，适当降低 CEO 与 CFO 之间薪酬契约安排的差异，以避免 CFO 潜在的监督意愿的下降，这在一定程度上能降低会计错报发生的概率；第二，CEO 与 CFO 权力配置要适度，随着 CEO 权力与 CFO 权力差异的增加，虽然能够在一定程度上弱化 CEO 与 CFO 薪酬契约安排差异对会计错报的正向影响，但可能也是 CEO 能够通过其他渠道而不仅局限于会计操纵以实现一己私利的表现。

第4章

财务重述对薪酬业绩敏感性的影响研究

4.1　问题提出

本章关注财务重述对薪酬业绩敏感性（Pay Performance Sensitivity）的影响。具体来说，本章关注公司是否会在财务重述后更倾向使用市场指标来考量高管薪酬，而不是会计指标。

以往有研究表示高管有动机错报财务报表（Efendi、Srivastava 和 Swanson，2007；Burns 和 Kedia，2008；Zhang 等，2008）。Cheng 和 Farber（2008）发表的文章与本章研究最为相关，他们的研究发现 CEO 以期权形式的薪酬会在财务重述后的两年内显著下降，这意味着公司可能会理性地重新制定 CEO 薪酬契约，以减少会计失败的成本。他们还发现尽管财务重述后 CEO 的总薪酬并没有显著的变化，然而确实有薪酬从期权形式向现金薪酬形式转移的趋势。然而，他们的研究是基于美国，其股票薪酬较为普遍。因此，他们的研究不一定适用于比如现金薪酬更为普遍，而不是股票薪酬的其他国家和地区。

本章关注高管的薪酬错报动机，其可能会增加公司风险，可以用薪酬业绩敏感性予以衡量（Dai、Jin 和 Zhang，2014）。因此，较高的薪酬业绩敏感性可能会导致因管理层动机而造成的财务重述。而财务重述与薪酬业绩敏感性之间的关系在以往只被 Burns 和 Kedia（2008）关注过。他们发现 CEO 期权薪酬同股价之间的敏感性同 CEO 错报报表的动机这二者之间为正向关系。然而，Burns 和 Kedia（2008）并未给予基于会计业绩的薪酬业绩敏感性与基于市场业绩的薪酬业绩敏感性之间的差异足够的重视。较高的基于会计业绩的薪酬业绩敏感性可能是导致会计错报的诱因，因为它创造了高管追逐自身利益的动机（Firth、Rui 和 Wu，2011）。此外，相对市场业绩，会计业绩更容易被高管所操纵。薪酬业绩敏感性是薪酬内的一种分布，作为降低高管错报的一种工具，在以往研究中被忽视了[①]。

本章检验了财务重述对薪酬业绩敏感性的影响。结果表明财务重述会导致公司在制定高管薪酬时较少地考虑会计业绩，而更多地开始关注通过市场业绩来制定高管薪酬。

本章的研究动机来源于公司是否会在财务重述后积极主动地调整管理层薪酬，以降低会计薪酬的敏感性，并寻找其他业绩指

① 以往研究认为股票业绩涵盖了所有的相关信息，并且能否反映未来或长期业绩，不同于会计指标，股票业绩不会受限于公司业绩的某一方面，也不容易被管理层所操纵（Chakravarthy，1986；Hoskisson 等，1994；Gentry 和 Shen，2010）。

标以评估高管薪酬这一研究问题。这一问题的答案非常重要，因为它将有助于解释公司治理在薪酬业绩敏感性内部分配的效率。迄今为止，还没有学者就这一问题给出直接的证据或者解释。

中国提供了一个适合的情景以检验本章的假设。这是由于中国的高管薪酬主要是由现金构成（Firth、Fung 和 Rui，2006；Conyon 和 He，2012）。因此，本章只关注现金薪酬和与其有关的薪酬业绩敏感性。本章试图证明公司在财务重述后试图降低同会计业绩相关的薪酬业绩敏感性。此外，不同于美国，中国上市公司基于高管的股票薪酬主要是限制股，这会影响到高管的长期动机①。而转向市场业绩来制定高管薪酬可能会成为一种潜在的应对会计失败的方法。这是由于市场业绩相比会计业绩而言，要难以被人为操纵（Chakravarthy，1986；Hoskisson 等，1994；Gentry 和 Shen，2010）。此外，中国资本市场中的投资者保护水平较低（LaPorta 等，2000）。因此，财务重述后内部公司治理能否起到积极的作用，这对于缺少有效外部治理机制的中国上市公司来说，是个经验问题。

借鉴 Zhang、Cahan 和 Allen（2005），以及 Conyon 和 He（2014）的研究，本章通过两种度量方式来衡量薪酬业绩敏感性，分别基于市场业绩与会计业绩。在此基础上，检验财务重述对两种层面的薪酬业绩敏感性——水平层面与变动层面的影响。研究结果表明当公司经历财务重述后，高管薪酬同会计业绩之间

① 我国《公司法》第 142 条规定：上市公司的董事会成员、监事会成员以及高层管理人员必须要披露自身持有的股份比重，而且在其任期内所出售的股份不能超过所持股份比重的 25%，且在 IPO 的第一年所持股份不允许被出售。《公司法》同时还规定，这些高管人员从公司离职半年后不能出售所持的股份。此外，Firth、Fung 和 Rui（2006）提出我国上市公司中较高的 CEO 变更频率会影响薪酬激励比如股票期权的有效性，而且管理层也不喜欢不能够立即变现的回报，他们认为股票回报是宏观事件的函数。这些因素导致 CEO 股票期权在我国使用的频率较低。

的相关性减弱，而同市场业绩之间的相关性却增强。此外，研究结论还发现财务重述后薪酬业绩敏感性变化的这种关系在国有企业中相对于非国有企业要更为弱化。进一步分析中，笔者发现基于现金的薪酬业绩敏感性在中国的确是导致高管错报会计数字的动机，而且公司在财务重述后更倾向采取利用市场业绩制定高管薪酬的方式，在随后年度再次发生财务重述的情形也较少。

本章的研究具有以下贡献。首先，笔者首次提出财务重述如何影响到薪酬业绩敏感性。尽管很多学者支持较高的薪酬业绩敏感性以激励经理层，但反对声音提出薪酬业绩敏感性较高时，会使得经理层操纵公司短期的价值，这会在长期有损于股东的利益（Chen、Jeter 和 Yang，2007）。财务重述可能会由较高的薪酬业绩敏感性导致（Efendi、Srivastava 和 Swanson，2007；Burns 和 Kedia，2008）。因此，有必要检验公司是否会在财务重述后主动调整薪酬业绩敏感性，并且本章主要关注局限于现金薪酬内部的薪酬结构性调整，这补充了 Cheng 和 Farber（2008）的研究内容。

其次，本章的研究为薪酬业绩敏感性的文献提供了有益补充。本章提供了较为新颖的证据表明财务重述后基于市场业绩的薪酬业绩敏感性增加，而基于会计业绩的薪酬业绩敏感性降低，补充了 Conyon 和 He（2014）的研究内容。他们发现在公司治理改革后，公司将薪酬同会计业绩有关的权重降低，而将同市场业绩有关的权重提升。本章的研究也不同于 Voulgaris、Stathopoulos 和 Walker（2014），他们关注 IFRS 对基于会计业绩的薪酬业绩敏感性的影响。在这些研究中，薪酬的重新设计是基于准则或者政策改革，而本章的研究则是基于坏事件。

最后，本章的研究同时也对产权与薪酬业绩敏感性之间关系的文献作出了有益的补充。中国的国有企业通常被认为向高管支付相对于非国有企业来说较低的薪酬（Conyon 和 He，2011），并且国有企业的薪酬业绩敏感性较低（Kato 和 Long，2006；Conyon 和 He，2011）。然而，以往的研究主要关注国有企业与非国有企业中静态的薪酬与薪酬业绩敏感性，却没有考虑到薪酬业绩敏感性的变化在国有企业与非国有企业中的差异性。本章研究发现，财务重述后同会计业绩相关的薪酬业绩敏感性下降，而同市场业绩相关的薪酬业绩敏感性上升的这种现象在国有企业中要弱于在非国有企业中的情形，补充了高管薪酬的研究内容（Kato 和 Long，2006；Conyon 和 He，2011）。

本章的部分构成情况如下：第二部分为文献回归与假设提出，第三部分为研究设计，第四部分为结果讨论，第五部分为研究结论。

4.2 文献回顾与假设提出

4.2.1 高管薪酬与财务重述

高管薪酬既可以建立在会计业绩上，也可以建立在市场业绩上（Engel、Hayes 和 Wang，2003）。一些实证研究发现财务重述同高管薪酬之间存在正向关系。比如，Burns 和 Kedia（2008）发现公司高管会在错报年度行使更多的股票期权。Efendi、Srivastava 和 Swanson（2007）研究发现当 CEO 持有较多看涨期权时，会计错报发生的可能性较高。Zhang 等（2008）发现当 CEO 持有较多看跌期权时，更可能操纵盈余。这些研究关注股票期权，提出较高的基于股票的高管薪酬会导致会计错报。另外，Armstrong、Jagolinzer 和 Larcker（2010）发现当 CEO 有较多股票动机时，会计错报发生的情形反而较少。

已有的关于高管薪酬的文献主要是关注股票薪酬。不同于美国，中国的高管薪酬主要是由现金构成，这为本章检验高管薪酬与财务重述之间的关系提供了一个独特的背景。

4.2.2 财务重述后高管薪酬结构的变化

中国上市公司的 CEO 与高管薪酬依赖于公司报告的利润，因此经理层有动机虚增报告的盈余（Firth、Rui 和 Wu，2011）。这是由于中国证监会（CSRC）对上市公司的盈利能力有要求，那些连续两年报告亏损的公司将会被 ST①。以往研究发现财务重述后高管薪酬显著减少（Cheng 和 Farber，2008；Burks，2010），这些公司试图减少高管为实现一己之利而进行的机会主义行为。

财务重述后降低高管薪酬是一种抑制其机会主义行为的措施。然而，降低高管薪酬不一定能够帮助公司抑制财务重述行为（Armstrong、Jagolinzer 和 Larcker，2010）。财务重述后可能还存在一些其他薪酬调整方面的措施，如薪酬结构的变化。Cheng 和 Farber（2008）发现在财务重述后的第二年，公司会倾向将基于期权的高管薪酬转向基于现金的高管薪酬。他们的发现表明公司在财务重述后会积极主动地将现金而不是股票期权同高管薪酬相结合并以此来衡量高管的表现，以降低高管的错报动机。不同于

① ST 公司主要为出现如下情况的公司：（1）最近两个会计年度的审计结果显示的净利润为负值。（2）最近一个会计年度的审计结果显示其股东权益低于注册资本。也就是说，如果一家上市公司连续两年亏损或每股净资产低于股票面值，就要予以特别处理。（3）注册会计师对最近一个会计年度的财产报告出具无法表示意见或否定意见的审计报告。（4）最近一个会计年度经审计的股东权益扣除注册会计师、有关部门不予确认的部分，低于注册资本。（5）最近一份经审计的财务报告对上年度利润进行调整，导致连续两个会计年度亏损。（6）经交易所或中国证监会认定为财务状况异常的。

他们的研究，中国上市公司中高管的薪酬设计仅仅同现金薪酬有关（Firth、Fung 和 Rui，2006；Conyon 和 He，2012），因此，薪酬重新设计仅限于现金内部的变换，而不是现金与股票之间的变换。其中有一种变换就是降低高管薪酬同会计业绩之间的敏感度，这样可以有效地限制管理层操纵会计数字。

由此，本章提出如下假设：

H_{4-1a}：相对于非财务重述公司，财务重述公司中基于会计业绩的薪酬业绩敏感性在财务重述后会减少。

如上所述，盈余操纵会影响到基于会计业绩的高管薪酬，这点在美国和中国都是成立的。盈余操纵在美国会影响到基于市场业绩的高管薪酬（Burns 和 Kedia，2008；Efendi、Srivastava 和 Swanson，2007；Zhang 等，2008），而在中国却不一定成立。这是由于盈余操纵对市场价值的影响在中国较弱。此外，高管薪酬主要由现金和股票构成，但是股票薪酬在中国所占比重较低，而且主要是由限制股构成，如前所述[①]。这表明基于市场业绩的薪酬在中国也较少受到市场价值的影响。总之，这些因素意味着盈余操纵与基于市场业绩的高管薪酬之间的关系在中国要弱于发达国家，而且基于会计业绩的高管薪酬造成的盈余操纵动机要强于基于市场业绩的高管薪酬造成的动机。尽管中国资本市场不如发达国家那样有效，但它正在变得日益有效。

本章借鉴信号—噪音理论的观点（Engel、Hayes 和 Wang，2003），即会计业绩随着市场业绩的准确性上升而降低，无论是在测量薪酬业绩敏感性方面还是 CEO 变更—业绩方面（Engel、

① Firth、Fung 和 Rui（2006）提出股票回报在我国是宏观事件的函数，较少受到特定具体事件的影响。他们认为，股票价格波动性较高，也容易受到重大外生时间的影响。比如政府突然推出刺激经济或者放低速度的政策、政治危机或者国际贸易争端。

Hayes 和 Wang，2003；Conyon 和 He，2014）。此外，为了弥补高管动机降低造成的潜在问题，公司可能会试图寻找其他的薪酬设计方式，同会计业绩之间的相关性较弱（Smith 和 Watts，1992；Bryan 等，2005），但是又能够将高管与股东利益连接在一起（Cheng 和 Farber，2008；Burns 和 Kedia，2006），比如基于市场业绩的高管薪酬。基于此，本章提出如下假设：

H_{4-1b}：相对于非财务重述公司，财务重述公司中基于市场业绩的薪酬业绩敏感性在财务重述后会增加。

4.2.3 财务重述后薪酬结构变化在国有企业与非国有企业中的差异

本部分主要从四个方面来阐述财务重述对薪酬业绩敏感性的影响在国有企业中要弱于非国有企业。

国家是一个合法（名义上）的剩余索取者，但并不是实际的控制者，而国有企业中的经理是实际上的控制者但却不是剩余索取者（Wu，2015；Chen 等，2015）。这样一种所有权的安排会导致剩余索取权与控制权在代理双方之间形成错配。上市国有企业 CEO 的安排和委任通常都伴随着社会或者政治目的，然而这些目的不总是同企业价值最大化的目标保持一致。经济和政治目标的权衡反映在国有企业 CEO 的薪酬契约中。相对于以盈利为导向的非国有企业，国有企业的这种契约通常赋予会计业绩较少的权重（Chen 等，2011）。因此，相对于非国有企业，国有企业中的经理层有较少的薪酬动机去操纵会计业绩。

国有企业中除了操纵报表的动机较弱以外，其经理层的薪酬契约也较为特殊。中国政府也执行了一些政策以限制国有企业中的高管薪酬，比如近些年针对国有企业的薪酬管制规定。这些政策表明国有企业的薪酬契约很大程度上不同于非国有企业的薪酬契约。这是因为社会主义的一个核心即平等公正，要求经理层和工人之间的薪酬尽可能达到这一核心要求。因此，限制高管薪酬可以被看作是中国打击腐败的一个有效手段。此外，国企中总经理的委任、解聘以及薪酬制定完全是由党组织通过行政方式安排，而非通过董事会，这一点完全不同于非国有企业。因此，国有企业中的薪酬契约较少建立在经理层的表现上，因为其目标和任务都是由政府来安排。

如前所述，国有企业中的高管薪酬同企业业绩之间的相关性较低。Ke、Rui 和 Yu（2012）提出薪酬业绩敏感性在国有企业中要低于非国有企业。这在一定程度上是由于国有企业较少关注融资或者声誉问题。政府对国有企业发挥传统的“深口袋”作用（Chen 等，2011）。政府能够在财政上一直支持国有企业，这使得国有企业没有动力在会计违规后采取补救措施。

中国的国有企业更加依赖会计业绩而不是市场业绩，原因是针对国有企业有诸多方面的限制（Conyon 和 He，2014），比如股份转移。Firth、Fung 和 Rui（2006）发现国有企业在制定 CEO 薪酬时更多考虑会计方面的盈利情况，而非国有企业却使用股票回报来作为业绩的考量。这就意味着，相对于非国有企业，国有企业在财务重述后更加不愿意将基于会计业绩的薪酬业绩敏感性转化为基于市场业绩的薪酬业绩敏感性。

基于以上讨论，本章的研究认为，财务重述对薪酬业绩敏感性的影响在国有企业中要弱于非国有企业。由此，提出以下假设：

H_{4-2a}：财务重述对基于会计业绩的薪酬业绩敏感性的负向影响在国有企业中要弱于非国有企业。

H_{4-2b}：财务重述对基于市场业绩的薪酬业绩敏感性的正向影响在国有企业中要弱于非国有企业。

4.3 研究设计

4.3.1 样本选择及研究方法

财务重述的样本是根据上市公司年报以及巨潮资讯网通过关键词“修订、调整以及差错”查找得出。本章的财务重述不包括同股票分割、分红、持续经营、并购以及新准则变更相关的差错，如 2007 年的新会计准则执行[①]。本章的研究从 1217 个财务重述公司的年观测值中剔除了 5 个 B 股观测值，因为 B 股公司在很多方面不同于 A 股公司，如上市和退市方面的条件以及披露要求。金融行业的公司观测值也从样本中剔除，因为这些公司在会计方法、财务运作以及薪酬体系方面不同于其他行业的公司。笔者还剔除了所有者权益为负数的观测值，因为它们可能会使结果产生偏差。剩余的 952 个财务重述观测值作为本章研究的基本样本，但是样本规模会随着不同的分析略有不同，取决于数据的可获得性。高管薪酬、公司业绩以及其他数据来自于 CSMAR 数据库。这个数据库涵盖了 2002—2011 年所有的中国上市公司数据，包括财务比率、公司数据以及其他数据。

在此基础上，笔者按照股票代码与年度将财务重述数据与 CSMAR 数据进行了合并。将这些数据合并使得本章研究能够识别财务重述公司的基本特征，比如行业、规模以及财务指标。结合数据的可获得性，最终样本包括了 895 个财务重述观测值以及

① 本章研究的财务重述不包括同股票分割、分红、持续经营、并购以及新准则变更相关的差错，如 2007 年的新会计准则执行。

1079 个非财务重述观测值。

不同于 Cohen、Dey 和 Lys（2013），本章的研究并未使用 Delta 来衡量薪酬业绩敏感性，因为本章主要关注薪酬业绩敏感性从依赖于会计指标转向市场指标。同时，本章研究也未使用 Voulgaris、Stathopoulos 和 Walker（2014）的秩—序列逻辑回归，因为他们的研究中 EPS 目标权重为序列的因变量，取值范围在 0—2 之间。这是由于，不同于英国，中国上市公司的年度报告并没有提供公司如何选择业绩指标的详细信息。因此，借鉴 Aggarwal 和 Samwick（1999）以及 Zhang、Cahan 和 Allen（2005）的做法，本章使用如下模型检验财务重述对薪酬业绩敏感性的影响。本章的第一个假设是有关财务重述后薪酬契约的调整变化。笔者比较了财务重述公司与非财务重述公司在财务重述前后薪酬业绩敏感性的变化情况。如果财务重述公司在重述后重新设计高管薪酬，将其建立在市场业绩上而不是会计业绩上，本章就认为相对于非财务重述公司，财务重述公司的基于会计（市场）业绩的薪酬业绩敏感性要低于（高于）财务重述前。针对每一个财务重述公司的年观测值，本章按照相同行业、财务重述前一年总资产在±30%以内的标准找出其对应的配对公司，行业分类按照证监会的标准执行。在此基础上，本章通过每一个配对公司找到了两个观测值：财务重述的前一年以及重述当年。检验假设 H_{4-1} 与 H_{4-2} 的最终样本包括财务重述前后的财务重述公司和控制公司①。

假设 H_{4-1} 提出，财务重述后，重述公司基于会计业绩的薪酬业绩敏感性下降，而基于市场业绩的薪酬业绩敏感性却上升。

① 有些财务重述公司有不止一个控制组公司。在确保每个财务重述公司仅有一家控制组公司后，研究结论依然保持不变。

本章提出的模型能够估计薪酬业绩敏感性的变化以确定基于会计业绩的薪酬业绩敏感性与基于市场业绩的薪酬敏感性之间的关系。假设 H_{4-2}试图确定产权性质是否会调节财务重述与薪酬业绩敏感性之间的关系。因此，研究模型包括了财务重述与国有企业/非国有企业之间的交互项以检验假设 H_{4-2}。图 4－1 描述了研究假设。

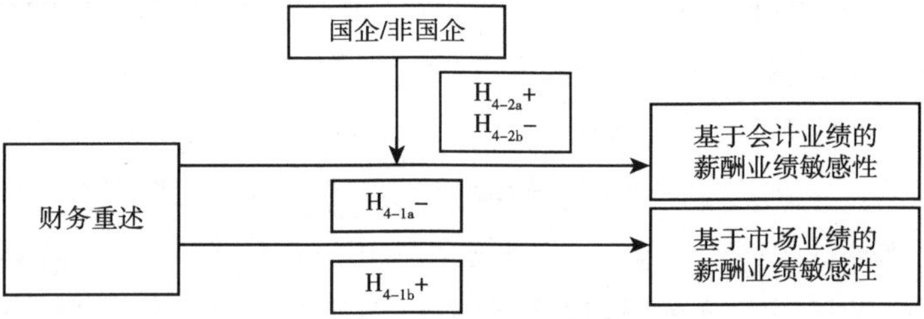

图 4－1　研究假设示意图

4.3.2　回归模型

本章首先检验财务重述如何影响到薪酬业绩敏感性的变化情况。薪酬业绩敏感性的变化是一种增减量的度量，因此在控制已有薪酬业绩敏感性的前提下，薪酬业绩敏感性的水平度量极其重要（Core 和 Guay，1999）。借鉴 Hall 和 Liebman （1998） 以及 Zhang、Cahan 和 Allen （2005） 的做法，本章研究将薪酬的变化定义为当期薪酬的自然对数与上一期薪酬自然对数的差异，而当期与上一期的市场业绩指标与会计业绩指标作为解释变量被纳入到回归中，这同 Zhang、Cahan 和 Allen （2005） 的研究一致。

$$\Delta LnCOMP = \beta_0 + \beta_1 RET_{j,t} + \beta_2 RET_{j,t-1} + \beta_3 RES_{j,t} \times RET_{j,t} + \beta_4 RES_{j,t} \times RET_{j,t-1} + \beta_5 ROE_{j,t} + \beta_6 ROE_{j,t-1}$$

$$+\beta_7 RES_{j,t} \times ROE_{j,t} + \beta_8 RES_{j,t} \times ROE_{j,t-1}$$
$$+ Year\ dummy + Industry\ dummy + \eta_{,j,t} \qquad (4-1)$$

在模型中，t 为财务重述年度。$\Delta LnCOMP = Ln(COMP_{j,t}) - Ln(COMP_{j,t-1})$，$COMP_{j,t}$为 j 公司在 t 年度的高管薪酬，由现金薪酬来度量①；$Ln(COMP_{j,t})$ 为 j 公司在 t 年度高管薪酬的自然对数②；$RES_{j,t}=1$，如果公司 j 在 t 年度发生了财务重述，否则为 0；$ROE_{j,t}$为会计业绩（Banker 等，2013；Zhang、Cahan 和 Allen，2005），为 j 公司在 t 年度的净资产收益率；$RET_{j,t}$为市场业绩，为 j 公司在 t 年度的股票回报收益率；RES 与 ROE（RET）之间的交互项是本章研究主要关注的，因为它们反映了财务重述对薪酬业绩敏感性的影响。因此，如果 RES 与 ROE（RET）之间的交互项系数为负（正）就能够证明假设 H_{4-1}。为了控制行业和年度效应，本章研究还在回归中控制了行业和年度虚拟变量。

为了使得本章的结论更为可信，本章还考虑了薪酬的水平层面。在此基础上，再次检验财务重述与薪酬业绩敏感性之间的关系。借鉴 Aggarwal 和 Samwick（1999）及 Zhang、Cahan 和 Allen（2005）的做法，使用如下模型：

$$Ln(COMP_{j,t}) = \delta_0 + \delta_1 RET_{j,t} + \delta_2 RET_{j,t-1} + \delta_3 RES_{j,t} \times RET_{j,t}$$
$$+ \delta_4 RE_{j,t} \times RET_{j,t-1} + \delta_5 ROE_{j,t} + \delta_6 ROE_{j,t-1}$$
$$+ \delta_7 RES_{j,t} \times ROE_{j,t} + \delta_8 RES_{j,t} \times ROE_{j,t-1}$$
$$+ \delta_9 LEV_{j,t} + \delta_{10} LnA_{j,t} + \delta_{11} GROW_{j,t}$$

① 在本章研究中，管理层包括高级管理人员、董事会成员以及监事会成员。

② 年度现金薪酬总额包括：基本年薪、奖金以及佣金。管理上市公司年报披露内容的中国证监会，要求所有上市公司必须要披露高管薪酬，包括薪酬和奖金，这些单个项目没有被分别要求披露。因此，我们无法分析这些现金薪酬的单独项目部分。即使这样，我们在将佣金部分剔除掉之后，研究结论依然保持不变。

$$+ \text{Year dummy} + \text{Industry dummy} + \mu_{,j,t} \quad (4-2)$$

以往的研究提出，公司特征，如规模和成长性会对高管薪酬有显著的影响（Baker、Jensen 和 Murphy，1988；Dai、Jin 和 Zhang，2014）。因此，笔者使用总资产规模的自然对数控制住了规模的影响，并使用销售收入增长率来控制成长情况。借鉴 Dai、Jin 和 Zhang（2014），笔者还加入了资产负债率（LEV）以控制资本结构的潜在影响，即 j 公司在 t 年度以及年度和行业固定效应以控制薪酬业绩敏感性随着年度和行业的变化情况。具体度量如下：

$LEV_{j,t}$为资产负债率，即 j 公司在 t 年度末的总负债除以总资产；$LnA_{j,t}$为公司规模，即 j 公司在 t 年度末总资产的自然对数；$GROW_{j,t}$为成长情况，用 j 公司在 t 年度的销售收入增长率来衡量。

本章还试图证实财务重述对薪酬业绩敏感性的影响在国有企业中要弱于非国有企业。因此，本章研究使用如下模型：

$$\begin{aligned}\Delta LnCOMP = {} & \beta_0 + \beta_1 RET_{j,t} + \beta_2 RET_{j,t-1} + \beta_3 RES_{j,t} \times RET_{j,t} \\ & + \beta_4 RES_{j,t} \times RET_{j,t-1} + \beta_5 SOE_{j,t} \times RES_{j,t} + \beta_6 SOE_{j,t} \\ & \times RET_{j,t} + \beta_7 SOE_{j,t} \times RET_{j,t-1} + \beta_8 SOE_{j,t} \times RES_{j,t} \\ & \times RET_{j,t} + \beta_9 SOE_{j,t} \times RES_{j,t} \times RET_{j,t-1} + \beta_{10} ROE_{j,t} \\ & + \beta_{11} ROE_{j,t-1} + \beta_{12} RES_{j,t} \times ROE_{j,t} + \beta_{13} RES_{j,t} \\ & \times ROE_{j,t-1} + \beta_{14} SOE_{j,t} \times ROE_{j,t} + \beta_{15} SOE_{j,t} \times ROE_{j,t-1} \\ & + \beta_{16} SOE_{j,t} \times RES_{j,t} \times ROE_{j,t} + \beta_{17} SOE_{j,t} \times RES_{j,t} \\ & \times ROE_{j,t-1} + \text{Year dummy} + \text{Industry dummy} + \eta_{i,j,t}\end{aligned} \quad (4-3)$$

$$\begin{aligned}Ln(COMP_{j,t}) = {} & \delta_0 + \delta_1 RET_{j,t} + \delta_2 RET_{j,t-1} + \delta_3 RES_{j,t} \times RET_{j,t} \\ & + \delta_4 RES_{j,t} \times RET_{j,t-1} + \delta_5 SOE_{j,t} \times RES_{j,t} + \delta_6 SOE_{j,t} \\ & \times RET_{j,t} + \delta_7 SOE_{j,t} \times RET_{j,t-1} + \delta_8 SOE_{j,t} \times RES_{j,t}\end{aligned}$$

$$\times RET_{j,t} + \delta_9 SOE_{j,t} \times RES_{j,t} \times RET_{j,t-1} + \delta_{10} ROE_{j,t} + \delta_{11} ROE_{j,t-1} + \delta_{12} RES_{j,t} \times ROE_{j,t} + \delta_{13} RES_{j,t} \times ROE_{j,t-1} + \delta_{14} SOE_{j,t} \times ROE_{j,t} + \delta_{15} SOE_{j,t} \times ROE_{j,t-1} + \delta_{16} SOE_{j,t} \times RES_{j,t} \times ROE_{j,t} + \delta_{17} SOE_{j,t} \times RES_{j,t} \times ROE_{j,t-1} + \delta_{18} LEV_{j,t} + \delta_{19} LnA_{j,t} + \delta_{20} GROW_{j,t} + Year\ dummy + Industry\ dummy + \mu_{j,t} \quad (4-4)$$

其中，$SOE_{j,t}$为是否国有企业的哑变量，当 j 公司在 t 年度为国有企业时为 1，否则为 0。

4.4　实证结果

4.4.1　描述性统计

表 4 – 1 针对财务重述公司与非财务重述公司分组列示了高管薪酬与公司业绩的描述性统计。最后两列为针对财务重述组与非财务重述组的均值差异 T 值检验以及中位数差异的 Z 值检验。高管薪酬自然对数（$LnCOMP_t$）的均值在财务重述组与非财务重述组中分别为 14.086 与 14.188，而与其对应的中位数分别为 14.131 与 14.174。本章研究还发现财务重述公司高管薪酬的自然对数在 t – 1 年度（$LnCOMP_{t-1}$）要低于非财务重述公司。这些结果表明财务重述公司的高管薪酬均值无论是 t – 1 年还是 t 年（即重述年度）均要低于非财务重述公司，而财务重述公司在 t 年度的中位数要低于非财务重述公司。此外，财务重述组的市场业绩与会计业绩无论在 t – 1 年还是 t 年的均值与中位数均低于非财务重述公司。

表 4-1　财务重述公司与非财务重述公司分组的高管薪酬与公司业绩

Variable	RES	N	Mean	Std. dev	Median	Min	Max	均值差	中位数差
$LnCOMP_t$	1	895	14.086	0.795	14.131	10.594	16.410	0.101***	0.043**
	0	1079	14.188	0.857	14.174	10.878	16.915	(2.696)	(2.420)
$LnCOMP_{t-1}$	1	895	14.927	0.723	15.203	12.470	17.078	0.032	0.000
	0	1079	14.959	0.683	15.203	12.353	17.078	(1.012)	(1.230)
ΔLnCOMP	1	895	-0.841	1.049	-0.872	-4.693	3.392	0.069	0.039
	0	1079	-0.772	1.060	-0.834	-4.186	3.046	(1.446)	(1.327)
RET_t	1	895	0.387	1.079	-0.062	-0.833	7.508	-0.010	0.031
	0	1079	0.378	1.033	-0.031	-0.816	9.123	(-0.204)	(0.067)
RET_{t-1}	1	895	0.338	1.014	-0.094	-0.884	6.909	0.011	0.033
	0	1079	0.349	1.017	-0.061	-0.843	8.369	(0.236)	(0.845)
ROE_t	1	895	-0.048	0.500	0.035	-6.410	1.635	0.090***	0.020***
	0	1079	0.042	0.294	0.055	-6.410	1.380	(4.989)	(6.535)
ROE_{t-1}	1	895	0.012	0.234	0.042	-2.291	1.612	0.034***	0.013***
	0	1079	0.046	0.195	0.055	-2.242	1.522	(3.538)	(4.603)

续表

Variable	RES	N	Mean	Std. dev	Median	Min	Max	均值差	中位数差
LnA_t	1	895	21. 328	0. 744	21. 335	18. 642	24. 127	-0. 099***	-0. 137***
	0	1079	21. 229	0. 727	21. 198	18. 157	24. 362	(-2. 995)	(-3. 076)
LEV_t	1	895	0. 382	1. 144	0. 103	-2. 263	9. 037	-0. 067***	-0. 002***
	0	1079	0. 367	1. 113	0. 101	-4. 962	9. 806	(-7. 645)	(-7. 519)
$GROW_t$	1	895	0. 552	0. 199	0. 573	0. 032	1. 455	-0. 014	-0. 076
	0	1079	0. 485	0. 192	0. 497	0. 007	1. 111	(-0. 277)	(-0. 029)
SOE	1	895	0. 693	0. 462	1. 000	0. 000	1. 000	-0. 033	0. 000
	0	1079	0. 660	0. 474	1. 000	0. 000	1. 000	(-1. 552)	(-1. 551)

注：财务重述组由 RES=1 表示，而非财务重述组则由 RES=0 表示；第八列括号内为 t 值，而其上方则为非重述组（RES=0）与重述组（RES=1）之间的均值差异；第九列括号内为 z 值，而其上方则为非重述组（RES=0）与重述组（RES=1）之间的中位数差异。***、**以及*分别表示1%、5%以及10%的显著性水平（双尾）；变量说明在附录。

表4-2列示了皮尔逊—斯皮尔曼的相关性系数矩阵。无论在皮尔逊还是斯皮尔曼矩阵中，RES同$LnCOMP_t$均显著负相关，表明财务重述公司在重述年度的现金薪酬要低于非财务重述公司。可以看出，RES仅在皮尔逊相关性矩阵中同ΔlnCOMP显著相关。此外，还可以看出，无论是皮尔逊还是斯皮尔曼矩阵中，RES同会计业绩在t-1年与t年均显著负相关①。RES同公司规模以及资产负债率显著正向关。此外，笔者未发现控制变量之间的相关性系数较高，这说明多重共线性对本章的研究来说不是重大问题。

4.4.2 回归结果

（1）薪酬的变化量。

针对式（4-1）和式（4-3）的实证结果反映在表4-3中。因变量为ΔlnCOMP。在市场业绩方面，财务重述公司在t年的薪酬业绩敏感性要高于非财务重述公司。这点可以由RES与RET_t之间交互项系数在第（1）列与第（2）列中分别为0.052（t-value=1.181）以及0.175（t-value=2.376）得知。有趣的是，这一结果在用会计业绩衡量的t年完全颠倒了过来。RES与ROE_t之间的交互项系数在第（1）列与第（2）列中分别为-0.347（t-value=-2.922）与-0.740（t-value=-3.401），均在1%的水平上显著。这些结果表明相对于非财务重述公司，财务重述公司在财务重述后更可能将其高管薪酬的制定建立在市场业绩上，而不是会计业绩上。从结果中还可以看出，SOE与RES以及RET_t之间的交互项系数为-0.221（t-value=-2.398），在5%的水平上显著，说明财务重述对基于市场业绩的薪酬业绩

① 我们仅关注薪酬业绩敏感性，而不是检验财务重述对薪酬变化的影响。

表4-2 皮尔森—斯皮尔曼相关性矩阵（N=1974）

Variable	$LnCOMP_t$	$LnCOMP_{t-1}$	ΔLnCOMP	RES_t	RET_t	RET_{t-1}	ROE_t	ROE_{t-1}	LnA_t	LEV_t	$GROW_t$	SOE
$LnCOMP_t$	1	0.086***	0.763***	-0.055**	0.045**	0.188***	0.314***	0.327***	0.318***	-0.084***	0.036	0.040*
$LnCOMP_{t-1}$	0.059***	1	-0.460***	-0.028	-0.396***	0.037	-0.053**	0.089***	-0.013	-0.118***	-0.060***	0.043*
ΔlnCOMP	0.731***	-0.626***	1	-0.030	0.264***	0.138***	0.278***	0.197***	0.236***	-0.013	0.055**	-0.002
RES_t	-0.061***	-0.023	-0.041*	1	-0.015	-0.020	-0.147***	-0.1036***	0.069***	0.169***	0.001	0.035
RET_t	0.051**	-0.317***	0.247***	0.005	1	-0.234***	0.224***	-0.073***	0.018	0.002	0.087***	-0.008
RET_{t-1}	0.158***	0.075***	0.087***	-0.005	-0.126***	1	0.178***	0.247***	0.085***	-0.057**	-0.017	0.009
ROE_t	0.174***	-0.005	0.149***	-0.112***	0.084***	0.091***	1	0.559***	0.177***	-0.169***	0.065***	-0.017
ROE_{t-1}	0.192***	0.103***	0.020	-0.080***	-0.077***	0.147***	0.155***	1	0.200***	-0.156***	0.013	-0.050**
LnA_t	0.328***	0.009	0.243***	0.067***	0.008	0.056**	0.106***	0.161***	1	0.162***	-0.022	0.201***
LEV_t	-0.102***	-0.096***	-0.016	0.170***	0.041*	-0.0140	-0.334***	-0.217***	0.160***	1	0.047**	-0.027
$GROW_t$	-0.008	-0.028	-0.022	0.006	0.052**	0.026	0.036	-0.038*	-0.032	0.057**	1	-0.011
SOE	0.035	0.040*	-0.002	0.035	-0.024	-0.002	0.025	-0.022	0.201***	-0.033	-0.032	1

注：皮尔森（斯皮尔曼）相关性在对角线上（下）方。***、**以及*分别表示1%、5%以及10%的显著性水平（双尾）；变量说明在附录。

敏感性的正向影响在国有企业中要弱于非国有企业。此外，SOE与 RES 以及 ROE_t之间的相关性系数为 0.542(t - value = 2.086)，在5%的水平上显著，表明财务重述对基于会计业绩的薪酬业绩敏感性之间的负向影响在国有企业中要弱于非国有企业。因此，假设 H_{4-1}与 H_{4-2}得到了验证。

表 4-3　财务重述影响事务所解聘的 Logit 回归结果

解释变量	(1)	(2)
RET_t	0.132*** (3.471)	0.060 (1.295)
RET_{t-1}	0.057 (1.378)	0.059 (0.994)
RES	-0.017 (-0.366)	-0.072 (-1.280)
RES × RET_t	0.052 (1.181)	0.175** (2.376)
RES × RET_{t-1}	-0.057 (-1.327)	-0.024 (-0.323)
ROE_t	0.505*** (5.046)	0.775*** (4.093)
ROE_{t-1}	0.464*** (3.069)	-0.008 (-0.031)
RES × ROE_t	-0.347*** (-2.922)	-0.740*** (-3.401)
RES × ROE_{t-1}	-0.099 (-0.481)	0.530 (1.522)
SOE		-0.007 (-0.115)
SOE × RES		0.134* (1.821)

续表

解释变量	(1)	(2)
SOE × RET_t		0.140*** (2.836)
SOE × RET_{t-1}		0.001 (0.017)
SOE × ROE_t		-0.366 (-1.644)
SOE × ROE_{t-1}		0.726** (2.272)
SOE × RES × RET_t		-0.221** (-2.398)
SOE × RES × RET_{t-1}		-0.045 (-0.513)
SOE × RES × ROE_t		0.542** (2.086)
SOE × RES × ROE_{t-1}		-0.949** (-2.206)
Year dummy	controlled	controlled
Industry dummy	controlled	controlled
Intercept	-0.945*** (-3.407)	-1.003*** (-3.603)
N	1974	1974
F	15.200	12.480
R^2	0.225	0.234
Adj - R^2	0.210	0.215

注：括号内为t值；***、**以及*分别表示1%、5%以及10%的显著性水平（双尾）；变量说明在附录。

（2）薪酬的水平层面。

本章研究针对模型（4－2）与模型（4－4）也进行了估计，结果反映在表4－4中，因变量为$LnCOMP_t$。从中可以看出RES和RET_t之间的交互项系数在第（1）列与第（2）列中分别为0.023（t－value＝0.712）以及0.104（t－value＝1.898），表明财务重述后基于市场业绩的薪酬业绩敏感性会上升，同薪酬变化层面的结果一致。本章研究还发现RES与ROE_t之间的交互项系数在第（1）列与第（2）列中分别为－0.384（t－value＝－4.351）与－0.680（t－value＝－4.167），说明在财务重述后公司会不再依赖会计业绩来确定高管薪酬。此外，笔者还发现财务重述对薪酬业绩敏感性的影响在国有企业中要弱于非国有企业。这点可以由SOE、RES以及RET_t之间交互项的系数为－0.130（t－value＝－1.884）得知，在10%的水平上显著。同时，也可以看出，SOE、RES以及ROE_t之间交互项的系数为0.447（t－value＝2.293），在5%的水平上显著。这些结果表明财务重述对薪酬业绩敏感性的影响作用在国有企业中要弱于非国有企业。在会计业绩或者是市场业绩指标方面的结论均同薪酬变化量指标的结论保持一致。在薪酬水平层面，H_{4-1}与H_{4-2}均得到了验证。

表4－4　　薪酬水平作为因变量的回归结果

解释变量	（1）	（2）
RET_t	0.002 （0.068）	－0.021 （－0.637）
RET_{t-1}	0.006 （0.197）	－0.045 （－1.078）
RES	－0.061* （－1.728）	－0.099** （－2.352）

续表

解释变量	(1)	(2)
$RES \times RET_t$	0.023 (0.712)	0.104* (1.898)
$RES \times RET_{t-1}$	-0.031 (-0.962)	0.022 (0.390)
ROE_t	0.403*** (5.311)	0.511*** (3.573)
ROE_{t-1}	0.421*** (3.682)	0.245 (1.242)
$RES \times ROE_t$	-0.384*** (-4.351)	-0.680*** (-4.167)
$RES \times ROE_{t-1}$	-0.163 (-1.067)	0.062 (0.237)
SOE		-0.042 (-0.960)
$SOE \times RES$		0.084 (1.526)
$SOE \times RET_t$		0.091** (2.465)
$SOE \times RET_{t-1}$		0.041 (0.890)
$SOE \times ROE_t$		-0.142 (-0.851)
$SOE \times ROE_{t-1}$		0.298 (1.249)
$SOE \times RES \times RET_t$		-0.130* (-1.884)

续表

解释变量	(1)	(2)
$SOE \times RES \times RET_{t-1}$		-0.074 (-1.115)
$SOE \times RES \times ROE_t$		0.447** (2.293)
$SOE \times RES \times ROE_{t-1}$		-0.239 (-0.742)
LnAt	0.370*** (15.983)	0.363*** (15.341)
$GROW_t$	-0.018 (-1.208)	-0.015 (-0.994)
LEV_t	-0.390*** (-4.167)	-0.392*** (-4.159)
Year dummy	controlled	controlled
Industry dummy	controlled	controlled
Intercept	6.701*** (13.014)	6.564*** (12.609)
N	1974	1974
F	21.570	17.760
R^2	0.309	0.307
Adj - R^2	0.294	0.290

注：括号内为 t 值；***、** 以及 * 分别表示 1%、5% 以及 10% 的显著性水平（双尾）；变量说明在附录。

整体上来说，无论是薪酬变化层面还是薪酬水平层面的模型均支持了本章研究提出的假设。财务重述与会计业绩指标（ROE）的权重之间的关联要比财务重述与市场业绩指标（年度股票回报）之间的关联更为明显。本章的研究结论同 Conyon 和

He（2012）不同，他们发现在中国，CEO 薪酬既同会计业绩有关，也同市场业绩有关，而同会计业绩的结果更为稳健。尽管有一些差异，本章研究整体的结论表明财务重述与薪酬业绩敏感性之间的关系在国有企业中要弱于非国有企业。

4.4.3　稳健型检验

本部分，笔者要进行一系列的实证分析，以证实本章研究结论更为可信和有趣。

（1）错报的动机。

Burns 和 Kedia（2006）发现股票期权同股票价格之间的相关性同财务重述显著相关。然而，在中国股票期权的使用相对于现金薪酬来说较少，高管薪酬主要是由现金构成。高管现金薪酬是否成为中国会计错报的动机是一个经验问题。借鉴以往研究（Jensen 和 Murph，1990；Zhang、Cahan 和 Allen，2005），本章研究通过高管现金薪酬随 ROE 变化的程度来度量薪酬业绩敏感性。错报的观测值通过手工收集上市公司年报附注以及巨潮资讯网中临时报告有关“会计差错更正”的错报信息。在此基础上，本章研究得到了中国资本市场上 2002—2009 年的 884 个错报观测值。为了确保错报公司与非错报公司有类似的特征，笔者使用了配对方法①。首先，确保错报公司和非错报公司具有相同的年度、行业以及上市地。此外，按照上一年总资产和盈利情况最为接近进行匹配。因变量为 MIS，为哑变量，当公司发生错报时取值为 1，否则为 0。进一步，本章研究在 Logit 回归模型中还控制住了公司规模、财务杠杆、公司成长情况、盈利状况。行业和年

① 错报观测值直接来源于财务重述样本。本章研究中 2002—2009 年的错报样本同 2003—2011 年的财务重述样本相对应。

度固定效应也反映在回归中。笔者还在进一步分析中按照公司进行聚类以期望得到更为稳健的结果。

从表 4 - 5 中可以看出，薪酬业绩敏感性的系数在所有列中都显著为正。这一结果表明较高的薪酬业绩敏感性会使得高管通过操纵会计错报的形式来操纵会计数字，而现金薪酬的确是会计错报的动机之一。因此，公司在财务重述后可能会积极地重新设计薪酬契约以降低这种错报动机。

表 4 - 5　　薪酬业绩敏感性对会计错报影响的 Logit 回归结果

解释变量	(1)	(2)	(3)
PPS	2.256* (1.832)	2.344* (1.903)	2.917** (2.357)
LnA			0.049 (0.650)
LEV			1.263*** (3.323)
GROW			-0.001 (-1.577)
ROE			-2.497*** (-4.991)
Industry dummy		controlled	controlled
Year dummy		controlled	controlled
Intercept	-0.070 (-1.182)	-0.165 (-0.484)	-1.868 (-1.162)
N	1601	1601	1601
Wald chi^2	3.360	5.440	59.580
Pseudo - R^2	0.001	0.002	0.031

注：括号内为 z 值；***、** 以及 * 分别表示 1%、5% 以及 10% 的显著性水平（双尾）；变量说明在附录。

（2）薪酬重新设计的效果。

尽管薪酬契约的重新设计可能帮助上市公司在一定程度上解决财务重述问题，然而这样的设计是否有效却是个经验问题。因此，本部分试图证实薪酬契约的重新设计（即基于会计业绩转为基于市场业绩）能够有助于降低公司再次发生财务重述的情形。笔者得到了 346 个再次发生财务重述的观测值并在此基础上重新构成一个新的因变量——RRES，当财务重述公司在重述年度（t 年）后又经历财务重述为 1，否则为 0。另一个新的解释变量为 DESIGN，若基于会计业绩的薪酬业绩敏感性在 t 年低于 t－1 年，而基于市场业绩的薪酬业绩敏感性在 t 年高于 t－1 年视为 1，否则为 0。借鉴以往研究（Degeorge 等，2013；Liu、Lu 和 Veenstra，2014），笔者在此将分析师关注作为一个控制变量。本部分仅关注再次重述的情形，对应的 Logit 回归结果反映在表 4－6 中。

Design 的回归系数在第（3）列中为－0.473，表明对于那些财务重述后原本将高管薪酬建立在会计业绩上而转向建立在市场业绩上的公司来说，其发生再次重述的概率要低于那些未作出如此转变的财务重述公司。这一结果说明将会计指标转向市场指标能够有助于解决财务重述问题。

表 4－6　　薪酬重新设计对再次发生财务重述的影响

解释变量	（1）	（2）	（3）
DESIGN	－0.343 （－1.639）	－0.481** （－2.064）	－0.473** （－2.000）
LnA			－0.016 （－0.142）
LEV			0.692 （1.355）

续表

解释变量	(1)	(2)	(3)
GROW			-0.013 (-0.090)
COVERAGE			-0.433* (-1.942)
Industry dummy		controlled	controlled
Year dummy		controlled	controlled
Intercept	0.055 (0.645)	30.064 (0.014)	29.689 (0.017)
N	653	653	653
LR chi^2	2.710	147.960	155.820
Pseudo - R^2	0.003	0.163	0.172

注：括号内为 z 值；***、** 以及 * 分别表示 1%、5% 以及 10% 的显著性水平（双尾）；变量说明在附录。

(3) 模型设计。

①使用 RET 与 ROE 的变化量来作为解释变量。回归模型（1）中主要的部分借鉴了 Zhang、Cahan 和 Allen（2005）的研究。为了使得研究在不同模型设定下更为稳健，笔者使用 RET 与 ROE 的变化量来作为解释变量，因为因变量反映了薪酬的变化量。由此，本部分使用新的解释变量 DRET 与 DROE 来分别反映 RET 与 ROE 在 t-1 年与 t 年之间的变化情况。笔者同时控制了公司规模、资产负债率以及成长情况的变化量。笔者使用配对方法以确保财务重述公司与非财务重述公司具有相同的年度、行业以及上市地。而且，总资产要在±30% 的范围以内。此外，为了说明本章研究结论不受到财务重述公司与非财务重述公司在盈利方面存在差异，笔者按照财务重述前一年最接近的盈利情况进行匹

配。回归结果反映在表 4 - 7 中。

RES 与 DRET 之间的交互项系数在第（3）列中为 0.032（t - value = 2.325），在 5% 的水平上显著，说明相对于非财务重述公司，财务重述公司在重述后基于市场业绩的薪酬业绩敏感性会上升，再一次验证了假设 H_{4-1b}。此外，RES 与 DROE 之间的交互项系数在第（3）列中为 -0.417（t - value = -1.868），在 10% 的水平上显著，表明相对于非财务重述公司，财务重述公司在重述后基于会计业绩的薪酬业绩敏感性会下降，再一次验证了假设 H_{4-1a}。这些结果表明本章研究结论不会受到薪酬变化量相关的模型设计的影响，同时也说明本章研究得到的结论不是由于财务重述公司与非财务重述公司在盈利方面存在差异而导致的。

表 4 - 7　　薪酬变化量作为因变量的回归结果
（使用 RET 与 ROE 的变化量作为解释变量）

解释变量	(1)	(2)	(3)
DRET	-0.028** (-2.470)	-0.038** (-2.107)	-0.042** (-2.354)
RES	-0.003 (-0.189)	-0.002 (-0.132)	0.007 (0.397)
RES × DRET	0.027* (1.898)	0.028** (2.032)	0.032** (2.325)
DROE	0.667*** (3.317)	0.626*** (3.146)	0.555*** (2.751)
RES × DROE	-0.378* (-1.651)	-0.388* (-1.726)	-0.417* (-1.868)
DLNA			0.289*** (4.481)

续表

解释变量	(1)	(2)	(3)
DLEV			-0.103 (-0.643)
DGROW			0.017 (1.116)
Industry dummy		controlled	controlled
Year dummy		controlled	controlled
Intercept	0.136*** (9.284)	0.139* (1.791)	0.091 (1.151)
N	1327	1327	1327
F	4.540	3.350	4.120
R^2	0.019	0.073	0.094
Adj-R^2	0.016	0.050	0.069

注：括号内为t值；***、**以及*分别表示1%、5%以及10%的显著性水平（双尾）；变量说明在附录。

②考虑随后年度。财务重述后，重述公司可能需要一段时间才会进行薪酬契约的重新设计。本部分考虑薪酬契约设计在随后年度（t+1年，t+2年）的变化情况而不是t年。本章研究分别关注t-1年至t+1年期间以及t-1年与t+2年期间薪酬的变化情况，基准年度为t-1年。模型（1）被重新用来进行OLS回归，分别关注以高管薪酬在t-1年至t+1年期间的变化情况为因变量，以及高管薪酬在t-1年与t+2年期间的变化情况作为的因变量。然而，本章研究并未发现薪酬业绩敏感性（无论是基于会计业绩还是市场业绩）会在财务重述后的两年内有显著的变化情况（t+1年到t+2年）。原因可能在于证监会要求上市

公司的年报需要在 5 月 1 日以前披露，同盈余信息一起发布。此外，财务重述信息主要来自年报附注以及其他同财务重述信息有关的临时报告①，这些临时报告接近年报披露日②。在现代公司中，高管的收入通常由固定的工资加上基于业绩的红利构成，红利作为年薪的主要组成部分，通常在年末发放。财务重述明显意味着公司的运作不顺，这可能会对公司高管当期的红利造成不好的影响。因此，本部分考虑财务重述对薪酬业绩敏感性在重述当期的影响而不是随后年度的影响是很有道理的。

③两阶段工具变量的回归。如前所述，以往研究中薪酬的重新设计是建立在政策变更或是改革的基础上，相反，本章研究则是基于某一坏事件的发生。然而，不同于其他研究中的政策变革或是改革，财务重述事件是内生性的。为了应对潜在的内生性问题，本部分使用两阶段工具变量来检验所提出的研究假设。首先，本章研究需要找到能够预测解释变量（财务重述）的工具变量，但是不能同因变量（薪酬业绩敏感性）有直接的相关关系。在此基础上，笔者使用内部控制质量作为工具变量。财务重述表明内部控制存在重大缺陷，因此内部控制质量一定程度上能够反映财务重述的发生概率；然而，内部控制质量不太会影响到薪酬业绩敏感性。

为了测度内部控制质量，本章研究使用来自迪博的内部控制指数。指数越高，就意味着内部控制的质量越高③。在此基础上，笔者生成了一个类别变量 IC，如果这个指数低于平均值的

① 证监会在 1999 年颁布了信息披露的第 2 号规定（年度报告的内容和格式），要求企业应当在 5 月之前编报和披露年度报告。

② 证监会在 2003 出台了信息披露的第 19 号规定（财务信息的披露和相关更正），要求财务重述信息需要通过董事会批准，并且以临时报告的形式进行披露。

③ 迪博数据库针对我国上市公司提供了内部控制与风险管理的相关数据。

话则为1，高于平均值则为0。另外，如果公司发生财务重述则意味着内部控制是无效的，这种情形下IC等于0。表4－8的第（1）列至第（4）列中列示了以内部控制质量作为工具变量的两阶段回归结果。第（1）列与第（2）列中的因变量是高管薪酬的变化量，而第（3）列与第（4）列中的因变量为高管薪酬的当期水平。可以看出，RES与ROE_t之间的交互项系数在所有列中都显著为负，同前述结果保持一致，表明财务重述后基于会计业绩的薪酬业绩敏感性会下降。笔者还发现，RES与RET_t之间的交互项系数在第（1）列至第（3）列中均显著为正，同上述结果一致，表明基于市场业绩的薪酬业绩敏感性在财务重述后会上升。整体上来说，两阶段的回归结果同之前结论保持一致，说明即使财务重述事件是内生的，也不会影响到研究结论。

为了使结论更为稳健，笔者还使用财务重述的滞后变量来作为工具变量以缓解潜在的内生性问题。两阶段回归结果反映在表4－8的第（5）列至第（8）列中。第（5）列与第（6）列的因变量为薪酬的变化量，而第（7）列与第（8）列中的因变量则为薪酬当期水平。可以看出，RES与ROE_t之间的交互项系数在所有列中显著为负，同之前结果保持一致，说明财务重述后基于会计业绩的薪酬业绩敏感性降低。此外，笔者还发现RES与RET_t之间的交互项系数在第（1）、第（2）与第（4）列中显著为正，同之前结论一致。这说明基于市场业绩的薪酬业绩敏感性在财务重述后会上升。总之，两阶段回归的结果同本章先前预测保持一致，再次证实了即使财务重述事件是内生的，也不会影响到研究结论。

表 4-8 两阶段回归结果

解释变量	内部控制质量作为工具变量				财务重述的滞后变量作为工具变量			
	LnCOMP	LnCOMP	LnCOM	LnCOM	LnCOMP	LnCOMP	LnCOM	LnCOM
RET_t	0.188*** (4.594)	0.069 (1.152)	-0.032 (-1.082)	-0.024 (-0.541)	0.107** (2.550)	0.018 (0.341)	-0.006 (-0.176)	-0.057 (-1.421)
RET_{t-1}	0.138*** (2.861)	0.135* (1.677)	0.160*** (4.807)	0.034 (0.574)	-0.022 (-0.347)	0.038 (0.376)	-0.028 (-0.595)	-0.034 (-0.444)
RES	0.030 (0.337)	-0.181 (-0.918)	0.023 (0.328)	-0.036 (-0.248)	-0.146 (-1.285)	-0.406* (-1.826)	-0.199** (-2.293)	-0.518*** (-3.064)
$RES \times RET_t$	0.173* (1.703)	0.425** (2.249)	0.130* (1.673)	0.212 (1.516)	0.143* (1.770)	0.383*** (2.869)	0.051 (0.844)	0.192* (1.909)
$RES \times RET_{t-1}$	-0.147** (-2.147)	-0.114 (-0.854)	-0.084 (-1.614)	-0.047 (-0.473)	0.118 (0.984)	0.083 (0.426)	0.041 (0.460)	0.108 (0.731)
ROE_t	1.638*** (4.274)	2.301*** (3.024)	1.105*** (3.731)	1.904*** (3.340)	0.848*** (5.122)	1.142*** (3.872)	0.617*** (5.014)	0.645*** (2.873)
ROE_{t-1}	0.364 (1.317)	-0.809* (-1.941)	0.475** (2.235)	-0.225 (-0.724)	0.418 (1.367)	-1.470* (-1.880)	0.449** (1.961)	-1.062* (-1.782)

续表

解释变量	内部控制质量作为工具变量				财务重述的滞后变量作为工具变量			
	LnCOMP	LnCOMP	LnCOM	LnCOM	LnCOMP	LnCOMP	LnCOM	LnCOM
$RES \times ROE_t$	-1.959*** (-3.718)	-2.814*** (-2.880)	-1.368*** (-3.339)	-2.547*** (-3.493)	-0.845*** (-3.841)	-1.381*** (-3.539)	-0.702*** (-4.296)	-1.021*** (-3.455)
$RES \times ROE_{t-1}$	0.064 (0.137)	1.960*** (2.897)	-0.269 (-0.751)	0.899* (1.791)	-0.038 (-0.072)	3.065** (2.303)	-0.244 (-0.620)	2.235** (2.203)
SOE		-0.165 (-1.360)		-0.103 (-1.136)		-0.061 (-0.704)		-0.132** (-1.997)
SOE × RES		0.554 (1.612)		0.240 (0.948)		0.262 (1.158)		0.344** (2.037)
$SOE \times RET_t$		0.220*** (2.875)		0.138** (2.425)		0.176*** (2.785)		0.107** (2.249)
$SOE \times RET_{t-1}$		0.001 (0.011)		0.044 (0.682)		-0.061 (-0.493)		0.042 (0.455)
$SOE \times ROE_t$		-1.027 (-1.179)		-1.085* (-1.682)		-0.345 (-0.944)		-0.083 (-0.299)

续表

解释变量	内部控制质量作为工具变量				财务重述的滞后变量作为工具变量			
	LnCOMP	LnCOMP	LnCOM	LnCOM	LnCOMP	LnCOMP	LnCOM	LnCOM
$SOE \times ROE_{t-1}$		2.232*** (3.943)		1.449*** (3.445)		2.290*** (2.763)		1.740*** (2.764)
$SOE \times RES \times RET_t$		-0.437* (-1.895)		-0.194 (-1.136)		-0.388** (-2.271)		-0.224* (-1.744)
$SOE \times RES \times RET_{t-1}$		-0.022 (-0.141)		-0.045 (-0.388)		0.028 (0.111)		-0.147 (-0.767)
$SOE \times RES \times ROE_t$		1.293 (1.109)		1.627* (1.883)		0.557 (1.134)		0.445 (1.191)
$SOE \times RES \times ROE_{t-1}$		-3.787*** (-3.957)		-2.429*** (-3.415)		-3.792*** (-2.659)		-2.790** (-2.576)
LnAt			0.355*** (14.033)	0.349*** (13.548)			0.373*** (15.955)	0.384*** (15.291)
$GROW_t$			-0.016 (-0.993)	-0.021 (-1.337)			-0.017 (-1.150)	-0.018 (-1.125)

续表

解释变量	内部控制质量作为工具变量				财务重述的滞后变量作为工具变量			
	LnCOMP	LnCOMP	LnCOM	LnCOM	LnCOMP	LnCOMP	LnCOM	LnCOM
LEVt			-0.454*** (-4.381)	-0.434*** (-4.122)			-0.364*** (-3.762)	-0.310*** (-3.002)
Year dummy	controlled	controlled	controlled	controlled	controlled	controlled	controlled	controlled
Industry dummy	controlled	controlled	controlled	controlled	controlled	controlled	controlled	controlled
Intercept	-1.104*** (-11.169)	-1.030*** (-8.326)	6.625*** (12.575)	6.738*** (12.748)	-0.659*** (-4.974)	-0.215 (-1.519)	6.561*** (13.404)	6.877*** (13.169)
N	1974	1974	1974	1974	1974	1974	1974	1974
Wald chi^2	515.69	531.31	581.76	515.69	567.41	567.34	866.38	829.06
R^2	0.1360	0.1208	0.1855	0.2174	0.2111	0.1857	0.2979	0.2496

注：括号内为 z 值；***、** 以及 * 分别表示 1%、5% 以及 10% 的显著性水平（双尾）；变量说明在附录。

④对标准误聚类。表 4 - 3 与表 4 - 4 中的标准误并没有聚类，因为笔者根据行业和公司规模使用的配对样本进行分析。为了确保研究结果不出现偏误，本部分对表 4 - 3 和表 4 - 4 中所有回归的标准误进行了聚类。从表 4 - 9 中可以看出，要关注的变量的回归系数同之前结果保持一致。这些说明即使对标准误进行聚类，本章的研究结论依然成立。

表 4 - 9　使用薪酬的变化量与水平量作为因变量（对标准误进行了聚类）

解释变量	(1)	(2)	(3)	(4)
	LnCOMP	LnCOMP	LnCOM	LnCOM
RET_t	0.132 *** (5.196)	0.060 ** (2.786)	0.002 (0.105)	-0.021 (-0.765)
RET_{t-1}	0.057 (0.848)	0.059 (1.047)	0.006 (0.232)	-0.045 (-1.201)
RES	-0.017 (-0.403)	-0.072 (-1.101)	-0.061 (-1.618)	-0.099 * (-1.975)
$RES \times RET_t$	0.052 (1.628)	0.175 *** (3.772)	0.023 (0.610)	0.104 (1.144)
$RES \times RET_{t-1}$	-0.057 (-0.908)	-0.024 (-0.258)	-0.031 (-1.173)	0.022 (0.497)
ROE_t	0.505 *** (4.955)	0.775 *** (4.449)	0.403 *** (4.938)	0.511 ** (2.482)
ROE_{t-1}	0.464 ** (2.500)	-0.008 (-0.031)	0.421 *** (3.759)	0.245 (1.464)
$RES \times ROE_t$	-0.347 ** (-2.372)	-0.740 *** (-3.487)	-0.384 *** (-3.640)	-0.680 *** (-3.131)

续表

解释变量	(1) LnCOMP	(2) LnCOMP	(3) LnCOM	(4) LnCOM
$RES \times ROE_{t-1}$	-0.099 (-0.384)	0.530 (1.512)	-0.163 (-1.293)	0.062 (0.217)
SOE		-0.007 (-0.064)		-0.042 (-0.558)
$SOE \times RES$		0.134 (1.344)		0.084 (1.167)
$SOE \times RET_t$		0.140** (2.660)		0.091* (1.979)
$SOE \times RET_{t-1}$		0.001 (0.019)		0.041 (1.087)
$SOE \times ROE_t$		-0.366* (-1.862)		-0.142 (-0.669)
$SOE \times ROE_{t-1}$		0.726*** (3.071)		0.298 (1.649)
$SOE \times RES \times RET_t$		-0.221*** (-2.961)		-0.130 (-1.188)
$SOE \times RES \times RET_{t-1}$		-0.045 (-0.510)		-0.074 (-1.334)
$SOE \times RES \times ROE_t$		0.542* (2.013)		0.447* (1.862)
$SOE \times RES \times ROE_{t-1}$		-0.949** (-2.314)		-0.239 (-0.674)
LnA_t			0.370*** (8.261)	0.363*** (8.683)

续表

解释变量	(1) LnCOMP	(2) LnCOMP	(3) LnCOM	(4) LnCOM
$GROW_t$			-0.018 (-0.974)	-0.015 (-0.816)
LEV_t			-0.390*** (-3.094)	-0.392*** (-3.268)
Year dummy	controlled	controlled	controlled	controlled
Industry dummy	controlled	controlled	controlled	controlled
Intercept	-0.469*** (-2.903)	-0.501** (-2.814)	6.894*** (7.233)	6.564*** (7.340)
N	1974	1974	1974	1974
R^2	0.2251	0.2335	0.3086	0.3069

注：括号内为 t 值；***、** 以及 * 分别表示 1%、5% 以及 10% 的显著性水平（双尾）；标准误在公司层面上进行了聚类；变量说明在附录。

⑤PSM 配对。正文部分，笔者使用公司规模和行业进行配对。为了使得研究结论更为可靠，本部分根据公司的综合特征来进行配对，并使用 PSM 方法。控制组从非财务重述公司中选取，要同财务重述公司在行业和年度上保持一致。此外，在资产和盈利能力方面选择最为接近的。笔者按照 PSM 方法重新对表 4-3 和表 4-4 中的回归进行了分析，结果如表 4-10 所示。可以看出，RES 与 RET_t 之间的交互项系数在所有列中均显著为正，而 RES 与 ROE_t 之间的交互项系数几乎在所有列中显著为负，支持了研究假设 H_{4-1}。此外，SOE × RES × RET_t 的回归系数在第（4）列中显著为负，而 SOE × RES × ROE_t 回归系数在第（2）列与第（4）列中显著为正，意味着在使用 PSM 方法之后，假设 H_{4-2} 依然得到了验证。

表 4－10　使用薪酬的变化量与水平量作为因变量（PSM 方法）

解释变量	(1)	(2)	(3)	(4)
	LnCOMP	LnCOMP	LnCOM	LnCOM
RET_t	0.016 (0.706)	0.010 (0.340)	0.029 (0.844)	−0.063 (−1.445)
RET_{t-1}	0.053** (2.413)	0.075** (2.255)	0.020 (0.629)	0.002 (0.052)
RES	−0.049* (−1.766)	−0.007 (−0.138)	−0.049 (−1.188)	−0.075 (−0.941)
$RES \times RET_t$	0.053** (2.380)	0.073* (1.864)	0.009 (0.270)	0.098* (1.687)
$RES \times RET_{t-1}$	0.021 (0.978)	−0.008 (−0.193)	0.047 (1.468)	0.045 (0.763)
ROE_t	0.243*** (3.122)	0.445*** (2.855)	0.428*** (3.502)	0.821*** (3.390)
ROE_{t-1}	−0.139 (−1.606)	−0.328*** (−2.602)	0.203 (1.592)	−0.081 (−0.422)
$RES \times ROE_t$	−0.007 (−0.078)	−0.336* (−1.943)	−0.337** (−2.496)	−0.849*** (−3.228)
$RES \times ROE_{t-1}$	0.247** (2.184)	0.511*** (2.965)	−0.004 (−0.023)	0.391 (1.491)
SOE		0.049 (1.049)		−0.184*** (−2.664)
$SOE \times RES$		−0.056 (−0.890)		0.050 (0.536)
$SOE \times RET_t$		0.005 (0.144)		0.087* (1.734)
$SOE \times RET_{t-1}$		−0.034 (−0.945)		0.063 (1.181)

续表

解释变量	(1)	(2)	(3)	(4)
	LnCOMP	LnCOMP	LnCOM	LnCOM
$SOE \times ROE_t$		-0.309* (-1.697)		-0.581** (-2.103)
$SOE \times ROE_{t-1}$		0.382** (2.184)		0.515* (1.952)
$SOE \times RES \times RET_t$		-0.026 (-0.534)		-0.127* (-1.779)
$SOE \times RES \times RET_{t-1}$		0.044 (0.926)		0.006 (0.089)
$SOE \times RES \times ROE_t$		0.524** (2.535)		0.819*** (2.625)
$SOE \times RES \times ROE_{t-1}$		-0.498** (-2.158)		-0.650* (-1.875)
LnA_t			0.378*** (19.600)	0.408*** (20.444)
$GROW_t$			-0.043 (-0.756)	-0.070 (-1.195)
LEV_t			-0.424*** (-3.974)	-0.476*** (-4.390)
Year dummy	controlled	controlled	controlled	controlled
Industry dummy	controlled	controlled	controlled	controlled
Intercept	0.472* (1.872)	0.409 (1.603)	6.130*** (11.454)	5.363*** (9.816)
N	1706	1706	1706	1706
F	18.13	22.76	3.70	4.28
R^2	0.0889	0.0968	0.3593	0.3443
$Adj-R^2$	0.0681	0.0707	0.3435	0.3253

注：括号内为 z 值；***、** 以及 * 分别表示 1%、5% 以及 10% 的显著性水平（双尾）；变量说明在附录。

(4) 公司治理以及政府干预的中介效应。

本章发现财务重述后薪酬业绩敏感性的变化情况在国有企业中要弱于非国有企业。可能的原因在于国有企业与非国有企业有着不同的治理机制。此外，政府对国有企业有着直接的控制。因而，财务重述对薪酬业绩敏感性的影响在一定程度上同公司治理与政府干预有关，这在国有企业与非国有企业中是不同的。借鉴以往的研究（Firth、Fung 和 Rui，2007；Haß、Vergauwe 和 Zhang，2014），本章研究使用分类变量来测度公司治理。笔者构成了一个公司治理指标[①]——GOV_INDEX，取值范围为 0—5。GOV_INDEX 取值较高时意味着其公司治理较好。借鉴 Wang、Wong 和 Xia（2008），笔者使用政府干预指数（GOV）以测度政府干预情况。GOV 较高时意味着政府的干预程度较低。本部分，笔者检验国有企业/非国有企业对财务重述与薪酬业绩敏感性之间的关系是否会受到公司治理与政府干预的中介效应影响。GOV_INDEX、SOE 以及指标之间的交互项加入到模型（3）与模型（4）中。表 4－11 列示了公司治理的中介效应结果。

表 4－11　国有企业/非国有企业对财务重述与薪酬业绩敏感性之间的关系是否会受到公司治理的中介效应影响的检验

解释变量	(1)	(2)	(3)
	GOV_INDEX	ΔLnCOMP	LnCOMP
SOE	0.334** (2.407)	0.015 (0.146)	0.008 (0.100)
LnA_t	−0.111 (−1.048)		0.360*** (10.198)

① 这些指标包括：会计师事务所规模、独立董事比重、董事会规模、两职合一（CEO 与总经理是否同一人）、前十大股东是否存在关联、管理层持股比重以及是否发行外资股份。

续表

解释变量	(1)	(2)	(3)
	GOV_INDEX	ΔLnCOMP	LnCOMP
LEV_t	0.146 (0.401)		-0.292** (-2.368)
$GROW_t$	-0.174** (-2.560)		-0.044 (-1.540)
ROE_t	-0.269 (-0.601)	2.644*** (2.984)	2.389*** (3.058)
ROE_{t-1}		-5.641*** (-3.272)	-0.997 (-0.645)
RET_t		-0.160 (-1.277)	-0.202** (-2.407)
RET_{t-1}		0.173 (1.304)	-0.030 (-0.233)
RES		-0.033 (-0.099)	-0.018 (-0.066)
$RES \times ROE_t$		-1.169 (-0.909)	-1.735* (-1.717)
$RES \times ROE_{t-1}$		1.695 (0.630)	1.618 (0.692)
$RES \times RET_t$		0.161 (0.841)	0.111 (0.820)
$RES \times RET_{t-1}$		-0.218 (-1.082)	-0.044 (-0.239)
SOE × RES		0.114** (2.059)	0.031 (0.766)
$SOE \times ROE_t$		-0.530 (-1.076)	-0.334 (-0.820)

续表

解释变量	(1)	(2)	(3)
	GOV_INDEX	ΔLnCOMP	LnCOMP
$SOE \times ROE_{t-1}$		-0.214 (-0.257)	-0.300 (-0.453)
$SOE \times RET_t$		0.104* (1.724)	0.088** (2.034)
$SOE \times RET_{t-1}$		0.016 (0.223)	0.015 (0.259)
$SOE \times RES \times ROE_t$		0.130 (0.146)	-0.288 (-0.383)
$SOE \times RES \times ROE_{t-1}$		0.749 (1.158)	1.047** (2.065)
$SOE \times RES \times RET_t$		-0.076 (-0.878)	-0.054 (-0.858)
$SOE \times RES \times RET_{t-1}$		0.059 (0.516)	0.000 (0.004)
GOV_INDEX		-0.045 (-0.576)	-0.031 (-0.475)
GOV_INDEX × RES		0.025 (0.212)	-0.002 (-0.021)
$GOV\_INDEX \times ROE_t$		-0.223 (-0.770)	-0.271 (-1.102)
$GOV\_INDEX \times ROE_{t-1}$		0.699 (1.170)	0.523 (1.024)
$GOV\_INDEX \times RET_t$		0.066* (1.670)	0.039 (1.365)

续表

解释变量	(1)	(2)	(3)
	GOV_INDEX	ΔLnCOMP	LnCOMP
GOV_INDEX × RET_{t-1}		-0.020 (-0.468)	0.021 (0.479)
GOV_INDEX × RES × ROE_t		0.035 (0.075)	0.092 (0.257)
GOV_INDEX × RES × ROE_{t-1}		-0.950 (-0.998)	-0.606 (-0.736)
GOV_INDEX × RES × RET_t		-0.035 (-0.537)	-0.014 (-0.289)
GOV_INDEX × RES × RET_{t-1}		0.056 (0.777)	-0.004 (-0.063)
Industry dummy	controlled	controlled	controlled
Year dummy	controlled	controlled	controlled
Intercept	N/A	-1.005*** (-3.413)	6.456*** (7.997)
N	2110	2058	2041
Wald chi^2/F	69.650	16.800	14.520
R^2	N/A	0.297	0.316
Pseudo - R^2/Adj - R^2	0.021	0.277	0.295

注：第（1）列中的括号为 z 值，第（2）列与第（3）列中的括号为 t 值；***、** 以及 * 分别表示 1%、5% 以及 10% 的显著性水平（双尾）；标准误在公司层面上进行了聚类；变量说明在附录。

第（1）列报告了序列 Logit 回归的结果①。结果表明 SOE 的

① 变量 GOV_INDEX 是一个类别变量，取值为 0—5。因此，本部分使用序列 Loit 回归。

回归系数为 0.334(z - value = 2.407)，说明国有企业比非国有企业有着更好的公司治理。这在一定程度上是因为国有企业由少数的部门监督，比如审计署、国资委等。国有企业必须要遵循这些监管部门的要求。第（2）列与第（3）列分别是使用高管薪酬的变化量以及当期层面来作为因变量以检验假设 H_{4-2} 的回归结果。在本部分，笔者还考虑公司治理的调节效应，具体通过 GOV_INDEX、RES 以及市场或者会计指标的交互项予以反映。SOE、RES 以及业绩指标之间的交互项系数在第（2）列与第（3）列中均不再显著，说明公司治理起着完全中介作用（Ajzen，2001）。

类似地，GOV 用以检验政府干预的中介效应。表 4 - 12 中第（1）列的因变量为 GOV，SOE 的回归系数为 - 0.660(t - value = - 3.127)，表明国有企业更可能受到政府干预的影响。第（2）列与第（3）列中的因变量分别为 LnCOMP 以及 LnCOM；SOE、RES 以及业绩指标之间的交互项不再显著，说明政府干预起着完全中介效应。

表 4 - 12　国有企业/非国有企业对财务重述与薪酬业绩敏感性之间的关系是否会受到政府干预的中介效应影响的检验

解释变量	(1)	(2)	(3)
	GOV	LnCOMP	LnCOM
SOE	-0.660*** (-3.127)	0.027 (0.249)	0.039 (0.478)
LNA_t	0.249 (1.569)		0.348*** (10.101)
LEV_t	-1.148** (-2.089)		-0.240** (-2.013)
$GROW_t$	-0.110 (-1.003)		-0.039 (-1.448)

续表

解释变量	(1)	(2)	(3)
	GOV	LnCOMP	LnCOM
ROE_t	0.410 (0.615)	1.722** (2.179)	2.000*** (3.398)
ROE_{t-1}		-5.051*** (-3.354)	-0.255 (-0.213)
RET_t		0.046 (0.491)	-0.068 (-0.999)
RET_{t-1}		0.315*** (2.783)	0.031 (0.357)
RES		0.303 (1.366)	0.174 (1.051)
$RES \times ROE_t$		-1.571 (-1.615)	-2.286*** (-3.104)
$RES \times ROE_{t-1}$		-0.501 (-0.243)	1.181 (0.699)
$RES \times RET_t$		0.157 (1.307)	0.191** (2.025)
$RES \times RET_{t-1}$		-0.260 (-1.500)	-0.145 (-1.213)
$SOE \times RES$		0.129** (2.308)	0.040 (0.989)
$SOE \times ROE_t$		-0.588 (-1.185)	-0.409 (-1.020)
$SOE \times ROE_{t-1}$		0.324 (0.390)	0.002 (0.004)

续表

解释变量	(1) GOV	(2) LnCOMP	(3) LnCOM
SOE × RET_t		0.102* (1.676)	0.080* (1.852)
SOE × RET_{t-1}		-0.019 (-0.275)	0.020 (0.350)
SOE × RES × ROE_t		-0.427 (-0.482)	-0.794 (-1.040)
SOE × RES × ROE_{t-1}		0.819 (1.271)	1.098** (2.192)
SOE × RES × RET_t		-0.081 (-0.916)	-0.059 (-0.903)
SOE × RES × RET_{t-1}		0.086 (0.738)	0.012 (0.135)
GOV		0.050** (2.291)	0.056*** (3.288)
GOV × RES		-0.038 (-1.263)	-0.028 (-1.183)
GOV × ROE_t		0.037 (0.436)	-0.052 (-0.822)
GOV × ROE_{t-1}		0.141 (0.841)	0.072 (0.575)
GOV × RET_t		-0.001 (-0.073)	-0.002 (-0.247)
GOV × RET_{t-1}		-0.026* (-1.926)	-0.003 (-0.261)

续表

解释变量	(1)	(2)	(3)
	GOV	LnCOMP	LnCOM
$GOV \times RES \times ROE_t$		0.097 (0.864)	0.139 (1.573)
$GOV \times RES \times ROE_{t-1}$		0.001 (0.002)	-0.133 (-0.654)
$GOV \times RES \times RET_t$		-0.014 (-0.997)	-0.017 (-1.624)
$GOV \times RES \times RET_{t-1}$		0.026 (1.270)	0.014 (0.973)
Industry dummy	controlled	controlled	controlled
Year dummy	controlled	controlled	controlled
Intercept	1.103 (0.271)	-0.592* (-1.738)	6.611*** (8.466)
N	2076	2024	2007
Wald chi^2/F	8.340	18.520	15.110
R^2	N/A	0.316	0.341
Pseudo-R^2/Adj-R^2	0.174	0.296	0.320

注：括号内为t值；***、**以及*分别表示1%、5%以及10%的显著性水平（双尾）；变量说明在附录。

（5）控制国有企业与非国有企业的不同特征。

高管薪酬变化的差异在国有企业与非国有企业中的对比可能需要更多的方法。因此，此部分控制住了一些因素，比如所有权结构、治理结构、税收负担、产品和资本市场竞争等方面。借鉴Wu等（2007），税收负担（TAX）被用来衡量税收义务①。借鉴

① 感谢一位匿名评审提出的宝贵建议。

Guney、Li 和 Fairchild（2001），笔者使用 Tobin's q 来衡量市场竞争程度。此外，公司治理指数（GOV_INDEX）被用以衡量公司治理，资产负债率（LEV）用以衡量资本市场竞争程度。变量定义反映在附录中。基于此，笔者对表 4－3 和表 4－4 重新进行了回归分析，结果反映在表 4－13 中。

表 4－13　财务重述对薪酬业绩敏感性的影响（考虑国企/非国企不同特征）

解释变量	(1)	(2)	(3)	(4)
	LnCOMP	LnCOMP	LnCOM	LnCOM
RET_t	0.117*** (2.625)	0.027 (0.475)	-0.016 (-0.499)	-0.077** (-1.990)
RET_{t-1}	0.039 (0.906)	0.047 (0.769)	-0.005 (-0.149)	-0.070 (-1.644)
RES	-0.023 (-0.461)	-0.069 (-1.191)	-0.033 (-0.915)	-0.068 (-1.579)
$RES \times RET_t$	0.051 (1.129)	0.215*** (2.797)	0.024 (0.724)	0.121** (2.161)
$RES \times RET_{t-1}$	-0.052 (-1.186)	-0.006 (-0.073)	-0.048 (-1.463)	0.019 (0.334)
ROE_t	0.483*** (4.682)	0.754*** (3.922)	0.383*** (5.054)	0.520*** (3.648)
ROE_{t-1}	0.370** (2.364)	-0.046 (-0.174)	0.346*** (2.966)	0.218 (1.107)
$RES \times ROE_t$	-0.363*** (-3.014)	-0.748*** (-3.409)	-0.380*** (-4.271)	-0.648*** (-3.990)
$RES \times ROE_{t-1}$	0.005 (0.021)	0.584* (1.651)	-0.093 (-0.576)	0.007 (0.028)
SOE		0.022 (0.366)		-0.001 (-0.031)

续表

解释变量	(1)	(2)	(3)	(4)
	LnCOMP	LnCOMP	LnCOM	LnCOM
$SOE \times RES_t$		0.108 (1.437)		0.072 (1.287)
$SOE \times RET_t$		0.153 *** (2.879)		0.099 ** (2.524)
$SOE \times RET_{t-1}$		-0.007 (-0.106)		0.043 (0.909)
$SOE \times ROE_t$		-0.366 (-1.638)		-0.179 (-1.076)
$SOE \times ROE_{t-1}$		0.647 ** (1.978)		0.238 (0.984)
$SOE \times RES \times RET_t$		-0.266 *** (-2.799)		-0.146 ** (-2.092)
$SOE \times RES \times RET_{t-1}$		-0.063 (-0.691)		-0.092 (-1.362)
$SOE \times RES \times ROE_t$		0.533 ** (2.030)		0.414 ** (2.123)
$SOE \times RES \times ROE_{t-1}$		-0.926 ** (-2.053)		-0.069 (-0.207)
DTQ	0.049 (1.314)	0.051 (1.356)		
DTAX	-0.000 ** (-2.496)	-0.000 ** (-2.523)		
DGOV_INDEX	-0.020 (-0.507)	-0.016 (-0.411)		
DGOV	0.005 (0.317)	0.008 (0.483)		

续表

解释变量	(1) LnCOMP	(2) LnCOMP	(3) LnCOM	(4) LnCOM
DLEV	-0.017 (-0.064)	-0.003 (-0.013)		
TQ			0.070*** (2.746)	0.101*** (4.206)
TAX			-0.000** (-1.997)	-0.000* (-1.936)
GOV_INDEX			-0.008 (-0.321)	-0.003 (-0.109)
GOV			0.041*** (7.033)	0.040*** (6.755)
LEV			-0.320*** (-3.281)	-0.288*** (-2.940)
LnA			0.384*** (15.137)	0.385*** (14.911)
GROW			-0.017 (-1.102)	-0.015 (-0.961)
Year dummy	controlled	controlled	controlled	controlled
Industry dummy	controlled	controlled	controlled	controlled
Intercept	-1.270 (-1.340)	-1.365 (-1.437)	5.554*** (6.300)	5.127*** (5.799)
N	1835	1835	1853	1853
$AdjR^2$	0.2156	0.2206	0.3138	0.3116

注：括号内为t值；***、**以及*分别表示1%、5%以及10%的显著性水平（双尾）；变量说明在附录。

第（1）列与第（2）列反映的是薪酬变化情况，第（3）列与第（4）列反映的是薪酬水平情况。从表4-13中的回归结果可以看出，当考虑到国有企业与非国有企业不同的特征时，所关注的变量的结果同表 4 – 3 和表 4 – 4 基本保持一致。

（6）考虑在职消费。

关于本章研究提出的假设可能会有另外一种解释。在中国，由于针对高管现金薪酬的限制，在职消费可以被看作是一种现金薪酬的替代品，以激励和吸引高级管理人员（Chen 等，2016；Luo 等，2011；Xu 等，2014）。相对于非国有企业，国有企业的高级管理人员会在其薪酬设计中具有更多的在职消费，这可能会弱化本章所提出的假设。

本部分，笔者试图检验国有企业中的在职消费是否会对结果造成干扰。借鉴 Luo、Zhang 和 Zhu（2011），本部分根据证监会的行业分类标准生成了行业层面和年度层面的在职消费变量（PERK）。这一变量来自如下回归模型 Mexpense 变量的残差。

$$
\begin{aligned}
Mexpense_t/Assets_{t-1} = \beta_0 + \beta_1(1/Assets_{t-1}) + \beta_2(\Delta Salest \\
/Assets_{t-1}) + \beta_3(PPE_t/Assets_{t-1}) \\
+ \beta_4(Inv_t/Assets_{t-1}) + \beta_5 LnEmployee
\end{aligned}
$$

$Mexpense_t$是总的管理费用，剔除坏账损失、待处理财产损溢以及董监高的直接薪酬；$\Delta Sales_t$是销售收入的变化量，用于估计正常生产中产生的管理费用；PPE_t为财产、厂房以及设备的净价值，被用于衡量折旧和摊销的需要；Inv_t为年度末存货的价值，用于衡量管理费用正常的需要；LnEmployee 为员工数量的自然对数，用以估计协同合作、培训以及员工发展的费用。为了说明在职消费是否受到财务重述的影响，笔者只针对国有企业样本进行了回归分析，如表 4 – 14 所示。因变量为 DPERK，为 t – 1 年与 t 年之间的在职消费变化量。除此之外，笔者还控制住了 Tobin's q、税收负担、公司治理以及政府干预指数、资产负债率、公司规模、成长情况以及盈利情况。所有控制变量均为 t – 1 年与 t 年之间的变化量。

表 4-14　　财务重述对在职消费的影响

	DPERK
RES	0.000 (0.056)
DTQ	-0.003 * (-1.937)
DTAX	-0.000 (-0.069)
DGOV_INDEX	-0.001 (-0.694)
DGOV	0.000 (0.316)
DLEV	0.056 *** (4.978)
DLNA	-0.002 (-0.474)
DGROW	0.000 (0.589)
DROE	0.001 *** (6.688)
Year dummy	controlled
Industry dummy	controlled
Intercept	0.018 * (1.661)
N	1156
F	2.45
R^2	0.0731
Adj - R^2	0.0433

注：括号内为 t 值；***、** 以及 * 分别表示 1%、5% 以及 10% 的显著性水平（双尾）；变量说明在附录。

从中可以看出，RES 的回归系数不再显著，即本部分未发现国有企业的高管在财务重述后会进行更多的在职消费。因此，在职消费并不会对本章的结果造成影响。

（7）中国 2005 年的股权分置改革。

如上所述，高管薪酬的部分形式是股票，主要是由限制股构成。2005 年的股权分置改革将以往不流通的股票转化为可以流通的股票。这说明基于市场业绩的高管薪酬及其对应的结果，可能会受到此次改革的影响。

在本部分中，笔者将研究样本区分为 2006 年前后。在此基础上，笔者按照两组样本重新对表 4－3 和表 4－4 进行了回归分析①。表 4－15 中的第（1）列至第（4）列中的因变量为高管薪酬变化量，其中头两列为 2006 年以前的观测值，而后两列则为 2006 年之后的观测值。从中可以看出，RES 与 ROE_t 之间的交互项系数显著为负，同上述结果保持一致，表明财务重述后基于会计业绩的薪酬业绩敏感性的降低在股权分置改革之后均成立。

第（5）列至第（8）列分组针对股权分置改革前后列示了表 4－4 中的回归结果。结果同第（1）列至第（4）列中的结果保持一致，说明财务重述后基于市场业绩的薪酬业绩敏感性的增长情况在股权分置改革后更为明显。

（8）连续财务重述事件。

在研究设计中，有些公司在样本年度会有多次连续的财务重述发生，这可能会影响到研究结论。本部分试图只关注样本期间的第一次财务重述情形以期得到更为稳健的结果。因此，笔者剔

① 我们使用 2006 年作为基准年度，而不是 2005 年，原因在于大多数公司的股权分置改革是发生在 2005 年的中期或者下半年。

表 4-15　考虑股权分置改革的回归结果

解释变量	2006 年前		2006 年后		2006 年前		2006 年后	
	LnCOMP	LnCOMP	LnCOMP	LnCOMP	LnCOM	LnCOM	LnCOM	LnCOM
RET_t	0.540***	0.785**	0.097**	0.022	0.290**	0.454*	-0.018	-0.054
	(3.620)	(2.564)	(2.357)	(0.431)	(2.354)	(1.806)	(-0.628)	(-1.519)
RET_{t-1}	0.126	0.382	0.045	0.041	-0.158	0.038	0.004	-0.071
	(0.626)	(1.079)	(0.974)	(0.614)	(-0.945)	(0.130)	(0.123)	(-1.560)
RES	0.023	-0.066	-0.057	-0.111	-0.006	-0.067	-0.110**	-0.147**
	(0.255)	(-0.649)	(-0.763)	(-1.315)	(-0.076)	(-0.799)	(-2.082)	(-2.451)
$RES \times RET_t$	-0.026	-0.167	0.072	0.195**	-0.185	-0.378	0.049	0.135**
	(-0.098)	(-0.349)	(1.440)	(2.409)	(-0.837)	(-0.966)	(1.391)	(2.351)
$RES \times RET_{t-1}$	0.022	-0.736	-0.042	-0.002	0.249	-0.098	-0.013	0.050
	(0.074)	(-1.444)	(-0.822)	(-0.025)	(1.003)	(-0.234)	(-0.356)	(0.831)
ROE_t	0.440***	0.485**	0.518***	0.877***	0.408***	0.450**	0.334***	0.462**
	(3.585)	(1.984)	(2.932)	(2.836)	(4.006)	(2.223)	(2.614)	(2.082)
ROE_{t-1}	0.531**	0.899*	0.417**	-0.199	0.490**	0.579	0.379***	0.191
	(2.051)	(1.658)	(2.159)	(-0.646)	(2.310)	(1.302)	(2.712)	(0.863)

续表

解释变量	2006 年前		2006 年后		2006 年前		2006 年后	
	LnCOMP	LnCOMP	LnCOMP	LnCOMP	LnCOM	LnCOM	LnCOM	LnCOM
RES × ROE_t	−0.334** (−1.982)	−0.313 (−0.867)	−0.386** (−1.994)	−0.872*** (−2.621)	−0.407*** (−2.946)	−0.595** (−2.013)	−0.340** (−2.489)	−0.624*** (−2.632)
RES × ROE_{t-1}	0.009 (0.022)	−0.852 (−1.153)	−0.122 (−0.487)	0.850** (2.086)	−0.094 (−0.266)	−0.530 (−0.874)	−0.201 (−1.135)	0.120 (0.415)
SOE		−0.063 (−0.544)		−0.067 (−0.724)		−0.054 (−0.565)		−0.129* (−1.923)
SOE × RES		0.168 (1.368)		0.195* (1.760)		0.121 (1.195)		0.117 (1.482)
SOE × RET_t		−0.364 (−1.027)		0.161*** (2.753)		−0.254 (−0.878)		0.124*** (2.973)
SOE × RET_{t-1}		−0.371 (−0.893)		0.016 (0.223)		−0.280 (−0.822)		0.074 (1.453)
SOE × ROE_t		−0.062 (−0.219)		−0.430 (−1.146)		−0.052 (−0.223)		−0.122 (−0.459)

续表

解释变量	2006 年前		2006 年后		2006 年前		2006 年后	
	LnCOMP	LnCOMP	LnCOMP	LnCOMP	LnCOM	LnCOM	LnCOM	LnCOM
$SOE \times ROE_{t-1}$		-0.425 (-0.695)		1.058 *** (2.665)		-0.080 (-0.161)		0.399 (1.416)
$SOE \times RES \times RET_t$		0.351 (0.578)		-0.253 ** (-2.444)		0.460 (0.923)		-0.155 ** (-2.112)
$SOE \times RES \times RET_{t-1}$		0.928 * (1.694)		-0.070 (-0.727)		0.427 (0.950)		-0.095 (-1.378)
$SOE \times RES \times ROE_t$		-0.057 (-0.139)		0.603 (1.464)		0.216 (0.647)		0.433 (1.482)
$SOE \times RES \times ROE_{t-1}$		1.404 (1.604)		-1.625 *** (-3.103)		0.780 (1.090)		-0.435 (-1.171)
LnA_t					0.359 *** (8.844)	0.358 *** (8.691)	0.371 *** (12.621)	0.364 *** (11.966)
$GROW_t$					0.018 (0.646)	0.017 (0.596)	-0.031 * (-1.743)	-0.027 (-1.512)

续表

解释变量	2006 年前		2006 年后		2006 年前		2006 年后	
	LnCOMP	LnCOMP	LnCOMP	LnCOMP	LnCOM	LnCOM	LnCOM	LnCOM
LEV_t					-0.179 (-1.119)	-0.155 (-0.953)	-0.539 *** (-4.588)	-0.524 *** (-4.396)
Year dummy	controlled	controlled	controlled	controlled	controlled	controlled	controlled	controlled
Industry dummy	controlled	controlled	controlled	controlled	controlled	controlled	controlled	controlled
Intercept	-2.208 ** (-2.488)	-2.125 ** (-2.286)	-0.280 (-0.775)	-0.267 (-0.725)	5.472 *** (5.024)	5.378 *** (4.786)	6.936 *** (10.508)	7.040 *** (10.479)
N	779	779	1195	1195	779	779	1195	1195
F	5.27	4.24	5.46	4.77	8.17	6.48	11.93	9.44
R^2	0.1796	0.1910	0.1343	0.1512	0.2718	0.2797	0.2705	0.2653
$AdjR^2$	0.1455	0.1460	0.1097	0.1195	0.2386	0.2365	0.2478	0.2371

注：括号内为 t 值；***、** 以及 * 分别表示 1%、5% 以及 10% 的显著性水平（双尾）；变量说明在附录。

除了那些在样本年度连续多次的财务重述观测值，只保留下来第一次财务重述的观测值。

从表4-16中可以看出，本章研究所关注的变量的回归系数的符号同笔者预期一致。这表明在剔除掉多次连续财务重述的观测值以后，本章得到的结论依然成立。

表4-16　薪酬变化量以及水平量作为因变量的回归结果（删除了连续财务重述的观测值）

解释变量	(1)	(2)	(3)	(4)
	LnCOMP	LnCOMP	LnCOM	LnCOM
RET_t	0.148*** (3.056)	0.042 (0.684)	-0.015 (-0.415)	-0.056 (-1.306)
RET_{t-1}	0.065 (1.245)	0.108 (1.163)	0.043 (1.117)	0.052 (0.809)
RES	-0.019 (-0.323)	-0.061 (-0.911)	-0.062 (-1.427)	-0.083* (-1.683)
$RES \times RET_t$	0.036 (0.752)	0.185** (2.305)	0.032 (0.912)	0.140** (2.391)
$RES \times RET_{t-1}$	-0.043 (-0.824)	-0.062 (-0.619)	-0.062 (-1.621)	-0.048 (-0.655)
ROE_t	0.264 (0.986)	1.325** (2.220)	0.293 (1.498)	0.590 (1.352)
ROE_{t-1}	0.452* (1.872)	0.086 (0.171)	0.260 (1.466)	0.001 (0.004)
$RES \times ROE_t$	-0.120 (-0.436)	-1.317** (-2.172)	-0.285 (-1.430)	-0.775* (-1.751)
$RES \times ROE_{t-1}$	-0.117 (-0.422)	0.411 (0.741)	-0.019 (-0.094)	0.277 (0.685)

续表

解释变量	(1)	(2)	(3)	(4)
	LnCOMP	LnCOMP	LnCOM	LnCOM
SOE		0. 008 (0. 104)		0. 003 (0. 063)
SOE × RES		0. 130 * (1. 681)		0. 057 (1. 010)
SOE × RET_t		0. 195 *** (3. 014)		0. 130 *** (2. 739)
SOE × RET_{t-1}		-0. 049 (-0. 511)		-0. 020 (-0. 282)
SOE × ROE_t		-1. 378 ** (-2. 075)		-0. 386 (-0. 799)
SOE × ROE_{t-1}		0. 433 (0. 749)		0. 353 (0. 838)
SOE × RES × RET_t		-0. 264 *** (-2. 617)		-0. 165 ** (-2. 247)
SOE × RES × RET_{t-1}		0. 025 (0. 214)		-0. 029 (-0. 338)
SOE × RES × ROE_t		1. 573 ** (2. 319)		0. 705 (1. 426)
SOE × RES × ROE_{t-1}		-0. 660 (-1. 024)		-0. 273 (-0. 581)
LnA_t			0. 369 *** (13. 548)	0. 357 *** (12. 822)
$GROW_t$			-0. 002 (-0. 090)	0. 000 (0. 009)
LEV_t			-0. 443 *** (-3. 904)	-0. 439 *** (-3. 850)

续表

解释变量	(1)	(2)	(3)	(4)
	LnCOMP	LnCOMP	LnCOM	LnCOM
Year dummy	controlled	controlled	controlled	controlled
Industry dummy	controlled	controlled	controlled	controlled
Intercept	-0.575* (-1.872)	-0.591* (-1.914)	6.894*** (11.471)	6.597*** (10.909)
N	1313	1313	1313	1313
F	10.53	8.77	14.50	12.06
R^2	0.2341	0.2459	0.3131	0.3141
$AdjR^2$	0.2119	0.2178	0.2915	0.2880

注：括号内为 t 值；***、** 以及 * 分别表示 1%、5% 以及 10% 的显著性水平（双尾）；变量说明在附录。

4.5 小　结

本章使用 2003—2011 年中国资本市场财务重述的数据，研究了财务重述对薪酬业绩敏感性的影响。笔者发现相对于非财务重述公司，财务重述公司在重述后的基于会计业绩的薪酬业绩敏感性降低。同时也发现，相对于非财务重述公司，财务重述公司在重述后的基于市场业绩的薪酬业绩敏感性上升。这些发现说明中国的投资者保护没有想象中那么薄弱（Kato 和 Long，2006）。公司能够积极主动地在股票业绩的基础上重新安排高管薪酬契约，基于股票业绩的薪酬安排要比基于会计业绩的难以被高管操纵（Chakravarthy，1986；Hoskisson 等，1994；Gentry 和 Shen，2010）。这一重新安排最终能够有助于减少高管的错报动机。此外，国有企业与非国有企业之间的不同特征差异会导致财务重述对薪酬业绩敏感性的不同影响。笔者发现财务重述对薪酬业绩敏感性的影响在国有企业中要弱于非国有企业。

本章得到的结论在以下方面会有局限性：第一，本章的研究结论并不意味着国有企业在财务重述后不会对薪酬契约安排做出调整以降低高管的错报动机。此外，高管薪酬设计仅仅是一种应对高管错报动机的方式。第二，公司可能会在财务重述后采取转向其他方式而不是仅仅通过基于市场业绩的薪酬业绩敏感性以降低高管的错报动机。

附录： **变量定义**

变量	定　义
$COMP_{j,t}$	公司 j 在 t 年度的薪酬指标，由现金薪酬合计反映
Ln（$COMP_{j,t}$）	公司 j 在 t 年度高管薪酬的自然对数
ΔLnCOMP	t－1 年到 t 年之间高管薪酬自然对数的变化量
$RES_{j,t}$	如果公司 j 在 t 年发生了财务重述则为 1，否则为 0
$ROE_{j,t}$	会计业绩指标，通过公司 j 在 t 年度的净资产收益率予以体现
$RET_{j,t}$	市场业绩指标，通过公司 j 在 t 年度的股票回报率予以体现
$LEV_{j,t}$	财务杠杆，即资产负债率，通过公司 j 在 t 年末的总资产除以总负债予以体现
$LnA_{j,t}$	公司规模，通过公司 j 在 t 年末的总资产自然对数予以体现
$GROW_{j,t}$	成长情况，即销售收入增长率，通过公司 j 在 t 年度的销售收入增长率予以体现
$SOE_{j,t}$	产权性质，如果公司 j 在 t 年为国有企业则为 1，否则为 0
PPS	薪酬业绩敏感性，为 $(COMP_v - COMP_{v-1})/(ROE_v - ROE_{v-1})$，其中 v 为错报发生的年度
DESIGN	薪酬重新设计的哑变量，如果 t 年的基于会计业绩的薪酬业绩敏感性小于上一年，而同时基于市场业绩的薪酬业绩敏感性高于前一年，则为 1，否则为 0

续表

变量	定　义
COVERAGE	分析师关注哑变量，如果公司 j 在 t 年有分析师跟进则为 1，否则为 0
DROE	公司 j 的 ROE 在 t－1 到 t 年间的变化情况
DRET	公司 j 的 RET 在 t－1 到 t 年间的变化情况
DLEV	公司 j 的 LEV 在 t－1 到 t 年间的变化情况
DLNA	公司 j 的 LNA 在 t－1 到 t 年间的变化情况
DGROW	公司 j 的 GROW 在 t－1 到 t 年间的变化情况
GOV_INDEX	公司治理指数，取值范围从 0 到 5，由 7 项指标构成，涵盖：会计师事务所规模、独立董事比重、董事会规模、两职合一（CEO 与总经理是否同一人）、前十大股东是否存在关联、管理层持股比重以及是否发行外资股份
GOV	政府干预指数
DGOV_INDEX	公司 j 的 GOV_INDEX 在 t－1 到 t 年间的变化情况
DGOV	公司 j 的 GOV 在 t－1 到 t 年间的变化情况
TQ	Tobin's q，衡量产品市场竞争程度
TAX	公司税收负担。借鉴 Wu 等（2007），本章研究通过以下公式计算得到 TAX：（所得税费用－递延所得税费用）/息税前利润
PERK	在职消费指标，Perk consumption measure fromLuo、Zhang 和 Zhu（2011）
DTQ	公司 j 的 TQ 在 t－1 到 t 年间的变化情况
DTAX	公司 j 的 TAX 在 t－1 到 t 年间的变化情况
DPERK	公司 j 的 PERK 在 t－1 到 t 年间的变化情况
Year dummy	年度虚拟变量
Industry dummy	行业虚拟变量

第5章 结果讨论

本书基于财务重述的两阶段：会计错报的发生与更正，在分析薪酬契约安排与财务重述之间内在逻辑关系的基础上，构建了反映二者之间关系的概念模型，并分别从薪酬差距与会计错报之间的联系（假设 H_{2-1a}—H_{2-1b}）、CEO 与 CFO 的薪酬契约安排、权力配置对会计错报的影响研究（假设 H_{3-1}—H_{3-4}）以及财务重述对薪酬业绩敏感性的变化研究（假设 H_{4-1}—H_{4-2}）方面检验了薪酬契约安排与财务重述的研究。如表 5－1 所示，本书提出的 11 项研究假设中有 10 项得到了充分的验证，还有 1 项研究假设未得到验证。检验结果基本支持了本书提出的概念模型和理论框架。本部分将根据检验结果，结合理论分析研究假设通过与否的原因，讨论其所反映的理论意义和现实意义。

表 5－1　　研究假设检验结果汇总表

编号	研究假设	结果
H_{2-1a}	高管与员工之间薪酬差距负向影响公司发生会计错报的可能性	通过
H_{2-1b}	高管之间薪酬差距负向影响公司发生会计错报的可能性	通过
H_{3-1}	CEO 薪酬契约安排正向影响公司的会计错报	通过
H_{3-2}	CFO 薪酬契约安排正向影响公司的会计错报	通过
H_{3-3}	随着 CEO 与 CFO 薪酬契约安排差异的增加，公司发生会计错报的概率随之提升	通过
H_{3-4a}	CEO、CFO 权力差异会强化 CEO、CFO 薪酬契约安排差异对会计错报的影响	未通过
H_{3-4b}	CEO、CFO 权力差异会弱化 CEO、CFO 薪酬契约安排差异对会计错报的影响	通过
H_{4-1a}	相对于非财务重述公司，财务重述公司中基于会计业绩的薪酬业绩敏感性在财务重述后会减少	通过
H_{4-1b}	相对于非财务重述公司，财务重述公司中基于市场业绩的薪酬业绩敏感性在财务重述后会增加	通过
H_{4-2a}	财务重述对基于会计业绩的薪酬业绩敏感性的负向影响在国有企业中要弱于非国有企业	通过
H_{4-2b}	财务重述对基于市场业绩的薪酬业绩敏感性的正向影响在国有企业中要弱于非国有企业	通过

5.1　薪酬差距与会计错报的关系

第 2 章基于中国上市公司财务报表发生错报的样本，检验了错报与薪酬差距之间的关系。发现薪酬差距会负向地影响会计差错。具体来说，高管与员工之间的薪酬差距负向影响会计错报，高管内部薪酬差距也负向影响会计错报，表明薪酬差距较高时反而有助于会计信息质量的提高，从而减少会计错报。第 2 章的结论在考虑产权性质、高报/低报盈余，区分舞弊类与差错类错报，以及考虑薪酬监督后依然成立。结论表明，薪酬体系的设计，不仅仅是考虑薪酬差距的高低，同时也要关注薪酬差距的高低是否将管理层与员工的个人边际贡献考虑在内。

第 2 章提出的假设 H_{2-1a}—H_{2-1b}描述了薪酬差距对会计错报的影响作用。从实证检验结果来看，高管与员工间薪酬差距负向影响公司发生会计错报的概率（假设 H_{2-1a}）、高管团队内部薪酬差距负向影响公司发生会计错报的概率（假设 H_{2-1b}）。

假设 H_{2-1a}—H_{2-1b}从高管与员工之间、高管内部两方面关注薪酬差距，分析了薪酬差距与会计错报之间的关系，实证检验结果表明：高管与员工之间的薪酬差距负向影响公司发生会计错报的概率，高管内部薪酬差距也负向影响会计错报。

假设 H_{2-1a}分析了高管与员工之间的薪酬差距对会计错报的影响作用。实证检验结果表明，高管与员工之间的薪酬差距负向影响公司发生会计错报的概率。假设 H_{2-1a}得到验证充分说明，高管与员工层级较大的薪酬差距可以有效防止高管的短视行为，同时促使高管担负公司更多的责任与风险。结果，高管在牺牲公司长期利益的决策过程中会考虑到负向激励有可能为自己带来的损失，进行操纵报表的行为也会因此受限。

假设 H_{2-1b}分析了高管内部薪酬差距对会计错报的影响作用。实证检验结果表明，高管内部薪酬差距负向影响会计错报。假设 H_{2-1b}得到验证充分说明，逐渐增大的高管内部薪酬差距破坏了高管之间的合谋，从而降低了会计错报发生的概率。

5.2 CEO与CFO的薪酬契约安排、权力配置对会计错报的影响研究

第3章为CEO与CFO的薪酬契约安排、权力配置对会计错报的影响研究。检验了CEO与CFO的薪酬契约安排对会计错报的影响作用，并关注这种影响作用是否会受到CEO与CFO权力差异的调节。结果表明，第一，CEO与CFO薪酬契约安排动机差异均会正向影响公司会计错报；第二，二者之间的薪酬契约安排差异对公司发生会计错报具有正向的影响；第三，薪酬契约安排差异对会计错报的正向影响会受到CEO与CFO权力差异的负向调节。结论表明薪酬契约安排一方面能够激励CEO与CFO为了个人薪酬努力地去创造股东财富的增值，但同时也会使得CEO与CFO有动机操纵财务报表以实现个人利益。已有研究单独讨论CEO、CFO薪酬契约安排动机与会计信息质量之间的关系，第3章关注二者之间的薪酬契约安排动机差异对财务报告影响，发现二者之间的薪酬契约安排差异越大，CFO更加难以发挥对CEO的牵制和制衡作用，越有可能发生会计错报且在很大程度上是由舞弊而不是人为疏忽引起的。随着CEO与CFO权力差异的增加，虽然能够在一定程度上弱化CEO与CFO薪酬契约安排差异对会计错报的正向影响，但可能也是CEO能够通过其他渠道而不仅局限于会计操纵以实现一己私利的表现。

第3章提出的假设H_{3-1}—H_{3-4}描述了CEO与CFO的薪酬契约安排、权力配置对会计错报的影响作用。从实证检验结果来看，CEO薪酬契约安排正向影响公司发生会计错报的概率（假设H_{3-1}）、CFO薪酬契约安排正向影响公司发生会计错报的概率

（假设 H_{3-2}）、CEO 与 CFO 薪酬契约安排差异正向影响公司发生会计错报的概率（假设 H_{3-3}）、CEO 与 CFO 权力差异负向调节薪酬契约安排差异对会计错报的影响（假设 H_{3-4b}）。

假设 H_{3-1}—H_{3-4}从薪酬契约安排、权力配置两方面关注会计错报的影响因素，分析了 CEO 与 CFO 的薪酬契约安排、权力配置对会计错报的影响作用，实证检验结果表明：CEO 薪酬契约安排与会计错报正相关；CFO 薪酬契约安排与会计错报正相关；CEO、CFO 薪酬契约安排与会计错报正相关；CEO、CFO 薪酬契约安排对会计错报的正向影响作用在权力配置差异较大时会被弱化。

假设 H_{3-1}分析了 CEO 薪酬契约安排对会计错报的影响作用。实证检验结果表明，CEO 薪酬契约安排显著正向影响会计错报发生的概率。假设 H_{3-1}得到验证充分说明，薪酬契约安排一方面能够激励 CEO 为了个人薪酬努力地去创造股东财富的增值，但同时也会使得 CEO 有动机操纵财务报表以实现个人利益。

假设 H_{3-2}分析了 CFO 薪酬契约安排对会计错报的影响作用。实证检验结果表明，CFO 薪酬契约安排显著正向影响会计错报发生的概率。假设 H_{3-2}得到验证充分说明，薪酬契约安排一方面能够激励 CFO 为了个人薪酬努力地去创造股东财富的增值，但同时也会使得 CFO 有动机操纵财务报表以实现个人利益。

假设 H_{3-3}分析了 CEO 与 CFO 薪酬契约安排动机差异对会计错报的影响作用。实证检验结果表明，CEO 与 CFO 薪酬契约安排差异正向影响公司发生会计错报的概率。假设 H_{3-3}得到验证充分说明，随着 CEO 与 CFO 薪酬契约安排差异的增加，公司发生会计错报的概率随之提升。

假设 H_{3-4a}分析了管理层权力对 CEO、CFO 薪酬契约安排、会计错报的影响作用。实证检验结果表明，CEO 与 CFO 权力差异并未正向调节薪酬契约安排差异对会计错报的影响。假设 H_{3-4a}未得到验证充分说明：高管权力的增加使得高管能够通过其他渠道实现机会主义行为，而不仅仅限于会计操纵。

假设 H_{3-4b}分析了管理层权力对 CEO、CFO 薪酬契约安排、会计错报的影响作用。实证检验结果表明，CEO 与 CFO 权力差异负向调节薪酬契约安排差异对会计错报的影响。假设 H_{3-4b}得到验证充分说明，随着 CEO 与 CFO 权力差异的增加，弱化了薪酬契约安排对会计错报的正向影响。

5.3 财务重述对薪酬业绩敏感性的影响研究

第 4 章为财务重述后高管薪酬业绩敏感性的变化研究。检验了公司在财务重述后是否会重新安排高管的薪酬契约，以降低其错报动机，扩展了以往相关文献的研究内容。发现财务重述后基于会计业绩的薪酬业绩敏感性会下降，而基于市场业绩的薪酬业绩敏感性会增加。这些发现表明中国上市公司积极的公司治理能够重新设计薪酬契约以限制高管的会计错报行为。进一步，还发现财务重述对薪酬业绩敏感性的影响在国有企业中比在非国有企业中较弱，说明作为缓解代理成本的一种工具，薪酬设计降低高管机会主义行为的有效性方面会在国有企业中受到一定限制。

第 4 章提出的假设 H_{4-1}—H_{4-2}描述了不同财务重述类型对薪酬业绩敏感性变化的影响。从实证检验结果来看，相对于非财务重述公司，财务重述公司在重述后的基于会计业绩的薪酬业绩敏感性降低（假设 H_{4-1a}）；相对于非财务重述公司，财务重述公司在重述后的基于市场业绩的薪酬业绩敏感性上升（假设 H_{4-1b}）；财务重述对基于会计业绩的薪酬业绩敏感性之间的负向影响在国有企业中要弱于非国有企业（假设 H_{4-2a}）；财务重述对基于市场业绩的薪酬业绩敏感性之间的正向影响在国有企业中要弱于非国有企业（假设 H_{4-2b}）。

假设 H_{4-1}—H_{4-2}从财务重述两种类型分析了财务重述后公司是否会重新安排高管的薪酬契约，以降低其错报动机，实证检验结果表明：相对于非财务重述公司，财务重述公司在重述后的基于会计业绩的薪酬业绩敏感性降低；相对于非财务重述公司，财务重述公司在重述后的基于市场业绩的薪酬业绩敏感性上升；财务重述对基于会计业绩的薪酬业绩敏感性之间的负向影响在国有企业中要弱于非国有企业；财务重述对基于市场业绩的薪酬业绩敏感性之间的正向影响在国有企业中要弱于非国有企业。

假设 H_{4-1a}分析了财务重述后，相对于非财务重述公司，财务重述公司在财务重述后通过降低高管薪酬同会计业绩之间的敏感度，以限制管理层操纵会计数字的可能性（Firth、Fung 和 Rui，2006）。实证检验结果表明，相对于非财务重述公司，财务重述公司在重述后的基于会计业绩的薪酬业绩敏感性降低。假设 H_{4-1a}得到验证充分说明：相对于非财务重述公司，财务重述公司在财务重述的第二年，公司会倾向重新设计高管薪酬且仅限于现金内部的转换，并降低高管薪酬同会计业绩之间的敏感度，从而有效限制管理层操纵会计数字。

假设 H_{4-1b}分析了财务重述后，相对于非财务重述公司，财务重述公司为了弥补高管动机降低造成的潜在问题，公司可能会试图寻找其他的薪酬设计方式，同会计业绩之间的相关性较弱，但是又能够将高管与股东利益连接在一起（Cheng 和 Farber，2008；Burns 和 Kedia，2006），比如调整基于市场业绩的高管薪酬。实证检验结果表明，相对于非财务重述公司，财务重述公司中基于市场业绩的薪酬业绩敏感性在财务重述后会增加。假设

H_{4-1b}得到验证充分说明，财务重述公司会通过寻找其他同会计业绩之间相关性较弱但是又能够将高管与股东利益连接在一起的薪酬设计方式，例如基于市场业绩的高管薪酬，以此弥补高管薪酬契约动机降低造成的潜在问题。

假设 H_{4-2a}分析了不同产权性质下，财务重述对会计业绩薪酬业绩敏感性的影响。实证检验结果表明，财务重述对基于会计业绩的薪酬业绩敏感性之间的负向影响在国有企业中要弱于非国有企业。假设 H_{4-2a}得到验证充分说明：当企业发生财务重述行为时，相对于非国有企业，政府能够在财政上一直支持国有企业，这使得国有企业没有动力在会计违规后采取补救措施。

假设 H_{4-2b}分析了不同产权性质下，财务重述对市场业绩薪酬业绩敏感性的影响。实证检验结果表明，财务重述对基于市场业绩的薪酬业绩敏感性之间的正向影响在国有企业中要弱于非国有企业。假设 H_{4-2b}得到验证充分说明，考虑到中国国有企业在诸多方面的限制，比如股份转移等，国有企业更加依赖会计业绩而非市场业绩。当企业发生财务重述行为时，相对于非国有企业，国有企业在财务重述后更加不愿意将基于会计业绩的薪酬业绩敏感性转化为基于市场业绩的薪酬业绩敏感性。

5.4　研究结果的意义

首先，为研究薪酬契约安排与财务重述之间的关系以及提升外部审计质量提供了理论支持。本书的研究结果表明：高管与员工之间的薪酬差距负向影响公司发生会计错报的概率；高管内部薪酬差距也负向影响公司发生会计错报的概率。因此企业应当保持适当的薪酬差距从而提升企业会计信息质量，企业在制定和实施薪酬制度时，既要关注薪酬制度的公平性，同时也要关注到薪酬制度所应发挥的激励作用，特别在会计信息的质量方面。同时，企业在高管薪酬的制定和实施过程中，要关注薪酬差距的高低是否合理，对管理层之间、管理层与员工之间的薪酬差异给予足够的重视。

其次，为适当降低CEO与CFO薪酬差异、合理配置CEO与CFO权力提供建议。本书的研究结果表明：CEO与CFO薪酬契约安排均会正向影响公司会计错报；CEO与CFO薪酬契约安排差异对公司发生会计错报具有正向的影响，表明随着CEO与CFO薪酬契约安排差异的增加，公司发生会计错报的概率随之上升；CEO与CFO薪酬契约安排差异对会计错报的正向影响会受到CEO与CFO权力差异的负向调节，表明CEO权力越大于CFO时，CEO越能够通过其他渠道实现机会主义行为，而不仅仅限于会计操纵，在这种情形下，CEO与CFO薪酬契约安排差异对会计错报的正向影响作用反而会被弱化。此外，本书还发现，随着CEO与CFO薪酬契约安排差异的增加，公司不但发生会计差错的概率会提升，在发生的差错中，更加可能是由舞弊而不是人为疏忽引起的。因此，一方面上市公司应适当降低CEO与CFO之间薪酬契约安排的差异，以避免CFO潜在的监督意愿的下降；另一方面，CEO与CFO权力配置要适度，随着CEO权力与CFO权力差异的增加，虽然能够在一定程度上弱化CEO与CFO薪酬契约安排差异对会计错报的正向影响，但可能也是CEO能够通过其他渠道而不仅局限于会计操纵以实现一己私利的表现。

最后，为证券监管部门完善各项政策规定，以及制定会计差错、财务重述方面的监管政策提供决策依据。财务重述行为会对资本市场以及广大投资者带来重大的负面影响，仅仅从公司层面去防范财务重述是远远不够的，应当重视监管部门的作用。本书的研究结果表明：相对于非财务重述公司，财务重述公司在重述后的基于会计业绩的薪酬业绩敏感性降低；相对于非财务重述公司，财务重述公司在重述后的基于市场业绩的薪酬业绩敏感性上升；财务重述对基于会计业绩的薪酬业绩敏感性之间的负向影响在国有企业中要弱于非国有企业；财务重述对基于市场业绩的薪酬业绩敏感性之间的正向影响在国有企业中要弱于非国有企业。因此，政府监管部门以及外部审计师也应对企业的薪酬制度保持关注和警觉，以避免由此可能存在的重大错报风险。

第6章 结论和展望

通过前文的详细论述，本书结合财务重述的会计差错发生期与会计差错更正期，关注薪酬契约安排与会计错报之间的联系，以及薪酬差距、CEO 与 CFO 薪酬契约安排、权力配置对会计错报的影响。本书在对这些问题进行了深入系统的研究和回答之后，又关注财务重述后对薪酬业绩敏感性的影响。本章将对上述的研究工作作出总结，归纳并阐明本书的主要结论和创新点，在此基础上对本书的研究局限性和未来研究方向进行说明。

6.1　主要研究结论

近些年来，我国上市公司财务重述的情况频频发生。而财务重述的发生通常伴随着舞弊，不但引起投资者和分析师重新评估公司未来的盈利情况，还会降低他们对报告盈利质量的信心。而无论从动机角度，还是能力角度，高管的薪酬契约安排对于财务重述都有着较大的影响。合理的薪酬差距、适当的薪酬制度是提高财务报告质量的重要措施。在以往学者的研究基础上，本书立足于中国的特殊背景，基于财务重述的两阶段：会计错报的发生阶段与更正阶段，在分析薪酬契约安排、财务重述与薪酬业绩敏感性之间内在逻辑的基础上，构建了反映三者之间关系的概念模型，并分别从薪酬差距与会计错报之间的联系、CEO和CFO的薪酬契约安排对会计错报的影响，CEO、CFO权力差异对于CEO、CFO薪酬契约安排差异与会计错报的影响，以及财务重述对于薪酬业绩敏感性的影响这些方面进行了研究。本书提供了一个有关薪酬契约安排、财务重述与薪酬业绩敏感性之间关系的理论和实证研究，丰富和扩展了有关薪酬契约安排和财务重述领域的理论成果，与此同时对促进上市公司会计信息质量的监管、提升外部审计质量、完善上市公司信息披露制度以及改善相关法规政策方面具有一定的现实指导意义。

结合研究目的，本书首先对薪酬差距、薪酬业绩敏感性、CEO和CFO的薪酬契约安排及权利配置与财务重述、会计错报的关系等方面的相关文献进行了系统回顾和梳理，在此基础上进行了文献述评并总结了有关的研究启示。其次，通过对相关理论的归纳与分析，构建了薪酬差异与会计错报关系的概念模型，并以我国上市公司为研究对象，运用描述性统计分析、均值差异t检验、Logit回归分析、Ordered Logit回归分析等多种统计方法进行实证检验。

本书关注会计错报的影响因素，探讨和分析了CEO、CFO薪酬契约安排对会计错报的影响，并分析了这种影响在CEO与CFO权利配置差异下的变化情况。通过对相关理论的归纳和分析，构建了CEO、CFO薪酬契约安排差异对会计错报影响的概念模型以及 CEO、CFO 权利差异对于 CEO、CFO 薪酬契约安排差异与会计错报关系影响的模型，并提出了相应的研究假设。最后，以我国上市公司为研究对象，运用描述性统计分析、均值差异 t 检验、Logit 回归分析以及 Probit 回归分析等多种统计方法对提出的研究假设进行了实证检验。

本书还关注财务重述后公司薪酬业绩敏感性的变化情况以及这种变化在分别基于会计业绩和市场业绩时所表现出的差异，扩展了以往相关文献的研究内容。通过对相关理论的归纳和分析，构建了财务重述对薪酬业绩敏感性影响的概念模型，并提出了相应的假设；最后，以我国上市公司为研究对象，运用描述性统计分析、相关性分析、Logit 回归分析等多种统计方法对提出的研究假设进行了实证检验。

现将本书的主要结论归纳如下：

第一，薪酬差距会负向地影响会计差错。具体来说，高管与员工之间的薪酬差距负向影响会计错报，高管内部薪酬差距也负向影响会计错报，这表明薪酬差距较高时反而有助于会计信息质量的提高，从而减少会计错报。研究还发现当公司高管的薪酬业绩敏感性较高，其他员工薪酬业绩敏感性较低时，会弱化高管与员工间薪酬差距对会计错报的影响作用。这意味着，薪酬体系的设计，不仅仅是考虑薪酬差距的高低，同时也要关注薪酬差距的高低是否将管理层与员工的个人边际贡献考虑在内。此外，在考虑产权性质、高报/低报盈余、区分舞弊类与差错类错报，以及考虑薪酬监督后依然成立。

第二，CEO 与 CFO 薪酬契约安排均会正向影响公司会计错报。CEO 与 CFO 薪酬契约安排差异对公司发生会计错报具有正向的影响，表明随着 CEO 与 CFO 薪酬契约安排差异的增加，公司发生会计错报的概率随之上升。进一步，还发现 CEO 与 CFO

薪酬契约安排差异对会计错报的正向影响会受到 CEO 与 CFO 权力差异的负向调节，这意味着 CEO 权力越大于 CFO 时，CEO 越能够通过其他渠道实现机会主义行为，而不仅仅限于会计操纵，在这种情形下，CEO 与 CFO 薪酬契约安排差异对会计错报的正向影响作用反而会被弱化。此外，研究发现随着 CEO 与 CFO 薪酬契约安排差异的增加，公司不但发生会计差错的概率会提升。且在发生的会计错报中，更加可能是由舞弊而不是人为疏忽引起的。

第三，研究发现相对于非财务重述公司，财务重述公司在重述后的基于会计业绩的薪酬业绩敏感性降低。同时也发现，相对于非财务重述公司，财务重述公司在重述后的基于市场业绩的薪酬业绩敏感性上升。这些发现说明中国的投资者保护没有想象中那么薄弱（Kato 和 Long，2006）。公司能够积极主动地在股票业绩的基础上重新安排高管薪酬契约，基于股票业绩的薪酬安排要比基于会计业绩的难以被高管操纵（Chakravarthy，1986；Hoskisson 等，1994；Gentry 和 Shen，2010）。这一重新安排最终能够有助于减少高管的错报动机。此外，国有企业与非国有企业之间的不同特征差异会导致财务重述对薪酬业绩敏感性的不同影响。研究结论表明财务重述对薪酬业绩敏感性的影响在国有企业中要弱于非国有企业。

总体来看，本书提出的 11 项研究假设中有 10 项得到了充分的验证，说明检验结果基本支持了本书提出的概念模型和理论框架。本书不仅为已有研究的相关理论和观点提供了经验证据，而且提出了一些新的观点和见解。因此，本书不仅对现有的有关薪酬契约安排和财务重述研究具有扩展和深化的作用，而且研究结论为薪酬体系的设计对会计错报的发生与更正提供政策建议，对上市公司提高会计信息质量、监管部门制定更为有效的会计信息质量检查以及财务重述的监管策略、投资者增强对上市公司会计信息的解读和应用能力具有一定的指导意义。

6.2　政策建议

首先，为保持适当的薪酬差距从而提升企业会计信息质量，以及完善我国上市公司治理，提高高管薪酬契约有效性提供了启示。企业在制定和实施薪酬制度时，既要关注薪酬制度的公平性，同时也要关注到薪酬制度所应发挥的激励作用，特别在会计信息的质量方面。同时，企业在高管薪酬的制定和实施过程中，要关注薪酬差距的高低是否合理，对管理层之间、管理层与员工之间的薪酬差异给予足够的重视。除此之外，政府监管部门以及外部审计师也应对企业的薪酬制度保持关注和警觉，以避免由此可能存在的重大错报风险。

其次，为上市公司治理提供建议。首先，应该适当降低 CEO 与 CFO 之间薪酬契约安排的差异，以避免 CFO 潜在监督意愿的下降，这在一定程度上可以降低会计错报发生的概率。其次，CEO 与 CFO 权力配置要适度。随着 CEO 权力与 CFO 权力差异的增加，虽然能够在一定程度上弱化 CEO 与 CFO 薪酬契约安排差异对会计错报的正向影响，但可能也是 CEO 能够通过其他渠道而不仅局限于会计操纵以实现一己私利的表现。

最后，为证券监管部门完善各项政策规定，以及制定同会计差错、财务重述方面的监管政策提供决策依据。财务重述行为会对资本市场以及广大投资者带来重大的负面影响，从公司层面去防范财务重述的同时，也应当重视监管部门的作用。本书的研究结果表明：相对于非财务重述公司，财务重述公司在重述后的基于会计业绩的薪酬业绩敏感性降低；相对于非财务重述公司，财务重述公司在重述后的基于市场业绩的薪酬业绩敏感性上升；财务重述对基于会计业绩的薪酬业绩敏感性之间的负向影响在国有企业中要弱于非国有企业；财务重述对基于市场业绩的薪酬业绩敏感性之间的正向影响在国有企业中要弱于非国有企业。因此，政府监管部门以及外部审计师也应对企业的薪酬制度保持关注和警觉，以避免由此可能存在的重大错报风险。

6.3 主要创新点

与以往研究文献相比，本书的主要创新之处可以归纳为以下几个方面：

第一，已有文献主要关注薪酬差距对公司业绩的影响，比如Lazear和Rosen（1981）提出了锦标赛理论（Tournament Theory），该理论指出薪酬差距较大时，能够激励组织内的人员更加努力地提升绩效，即薪酬差距对企业绩效是一种正效应。而较少有学者关注对会计信息质量的影响，本书重点关注薪酬差距对会计错报的影响，并且进一步区分了高管之间以及高管与员工之间的薪酬差距对会计错报的影响。研究结果表明薪酬差距会负向地影响会计差错。具体来说：高管与员工之间薪酬差距负向影响公司发生会计错报的可能性，高管内部薪酬差距也会负向影响公司发生会计错报的可能性。补充了有关薪酬差距、财务重述方面的研究内容。

第二，以往的研究大多分别关注CEO、CFO个人特征对财务报告质量的影响，单纯关注CEO而忽视CFO的影响或单纯关注CFO而忽视CEO的影响所得出的结论可能是有偏的。薪酬动机会使得CEO与CFO都有意愿去操纵报表以实现个人利益，薪酬动机还会使得CFO更加去履行自身作为财务监督人的职责。因此，本书在分析CEO、CFO薪酬契约安排动机影响的基础上提供CEO、CFO薪酬契约安排差异对会计错报影响的证据。除此之外，鉴于CFO在会计操纵方面的重要作用，本书进一步将CEO与CFO薪酬契约安排动机结合起来，深入分析二者薪酬契约安排差异对财务报告质量的影响。这拓展了有关CEO、CFO薪酬问题的研究成果。

第三，本书的研究发现随着CEO与CFO权力差异的增加，反而会弱化CEO、CFO薪酬契约安排差异对会计错报的影响，表明当CEO权力相对于CFO越大时，CEO会通过其他渠道实现机会主义行为，而不仅仅围绕薪酬契约、会计报表操纵，这进一步拓展了关于管理层权力方面的研究内容。

第四，本书发现相对于非财务重述公司，财务重述公司在重述后的基于会计业绩的薪酬业绩敏感性降低，而基于市场业绩的薪酬业绩敏感性上升。并且财务重述对薪酬业绩敏感性的影响在国有企业中要弱于非国有企业。补充了有关财务重述、薪酬业绩敏感性方面的研究内容。

6.4 局限性和研究展望

尽管本书达到了预期的研究目标，并且获得了一些重要的研究成果，但是受到一些主客观因素的限制和影响，本书仍存在一定的局限性。总结和分析这些局限性有利于今后进一步深入探讨财务重述、会计错报领域的相关问题。

本书是以我国A股市场的上市公司为研究对象，揭示薪酬契约安排、会计错报、财务重述的关系问题，并得出了相关研究结论。通常而言，上市公司的财务重述方向不同于非上市公司的财务重述方向，上市公司通常具有保盈动机，更倾向于调增盈余，而非上市公司出于避税动机则倾向于调减盈余。因此本书的研究结论可能不适用于非上市公司。

尽管可以明确得知同舞弊相关的财务重述基本是由监管部门，比如证监会、审计署以及财政厅等部门发起。而同舞弊无关的财务重述，其发起人很难断定。上市公司在发布重述公告时，绝大多数会声明董事会发现或公司通过自查发现前期财务报表存在会计差错，但这种主动的财务重述行为也很可能是在外部审计或监管部门的压力下进行的。上市公司进行主动财务重述和被动财务重述的动机应当不同，此类问题有待进一步研究。

本书的结论并不意味着国有企业在财务重述后不会对薪酬契约安排作出调整以降低高管的错报动机。此外，高管薪酬设计仅仅是一种应对高管错报动机的方式。公司可能会在财务重述后采取转向其他方式而不是仅仅通过基于市场业绩的薪酬业绩敏感性以降低高管的错报动机。

尽管存在以上研究局限，本书也为未来研究发展提供了新的契机和方向。今后可以从以下方面深入进行研究：收集和整理审计师个人层面的资料，尽可能地结合问卷和实地访谈的方法，去了解签字注册会计师对待财务重述、会计差错的态度，是否会区分舞弊导致的会计错报与差错导致的会计错报。

参考文献 References

［1］陈修德．区域市场化、管理层权力与高管薪酬契约［D］．2012．华南理工大学．

［2］方军雄．高管权力与企业薪酬变动的非对称性［J］．经济研究，2011，46（04）：107－120．

［3］刘春，孙亮．薪酬差距与企业绩效：来自国企上市公司的经验证据［J］．南开管理评论，2010（2）：30－39＋51．

［4］林大庞，苏冬蔚．CEO 与 CFO 股权激励的治理效应之比较：基于盈余管理的实证研究［J］．南方经济，2012（6）：15－31．

［5］黎文靖，胡玉明．国企内部薪酬差距激励了谁［J］．经济研究，2012（12）：125－136．

［6］刘星，徐光伟．政府管制、管理层权力与国企高管薪酬刚性［J］．经济科学，2012（1）：86－102．

［7］刘永丽．财务总监权力对会计稳健性影响的实证研究

[J]. 中国软科学，2015 (4)：121 - 130.

[8] 马晨，程茂勇，张俊瑞. 事务所变更能帮助公司提升审计质量么？——来自二次财务重述的经验证据 [J]. 中国软科学，2014 (10)：109 - 120.

[9] 马晨，张俊瑞，杨蓓. 财务重述对会计师事务所解聘的影响研究 [J]. 会计研究，2016 (5)：79 - 86.

[10] 马晨，张俊瑞. 管理层持股、领导权结构与财务重述 [J]. 南开管理评论，2012 (2)：143 - 150.

[11] 马晨，程茂勇，张俊瑞等. 外部审计、媒介环境对财务重述的影响研究 [J]. 管理工程学报，2015 (4)：65 - 75.

[12] 齐鲁光，韩传模. 高管变更与财务重述：基于管理防御的视角 [J]. 中央财经大学学报，2017 (3)：119 - 127.

[13] 权小锋，吴世农，文芳. 管理层权力、私有收益与薪酬操纵 [J]. 经济研究，2010 (11)：73 - 87.

[14] 权小锋，吴世农. CEO 权力强度、信息披露质量与公司业绩的波动性——基于深交所上市公司的实证研究 [J]. 南开管理评论，2010 (4)：142 - 153.

[15] 邱昱芳，贾宁，吴少凡. 财务负责人的专业能力影响公司的会计信息质量吗？——基于中国上市公司财务负责人专项调查的实证研究 [J]. 会计研究，2011 (4)：61 - 67.

[16] 孙光国，郭睿. CFO 内部董事有助于董事会履行监督职能吗？[J]. 会计研究，2015 (11)：27 - 33 + 96.

[17] 王福胜，程富. 管理防御视角下的 CFO 背景特征与会计政策选择——来自资产减值计提的经验证据 [J]. 会计研究，2014 (12)：32 - 38 + 95.

[18] 王克敏，王志超. 高管控制权、报酬与盈余管理——基于中国上市公司的实证研究 [J]. 管理世界，2007 (7)：

111 - 119.

[19] 王新. 国有企业高管薪酬管制与会计信息透明度的关系研究 [D]. 2010. 西南财经大学.

[20] 向锐. CFO 财务执行力与企业过度投资——基于董事会视角的分析 [J]. 会计研究, 2015 (7): 56 - 62 + 97.

[21] 辛宇, 吕长江. 激励、福利还是奖励: 薪酬管制背景下国有企业股权激励的定位困境——基于泸州老窖的案例分析 [J]. 会计研究, 2012 (6): 67 - 75 + 93.

[22] 俞震, 冯巧根. 薪酬差距: 对公司盈余管理与经营绩效的影响 [J]. 学海, 2010 (1): 118 - 124.

[23] 杨志强, 王华. 公司内部薪酬差距、股权集中度与盈余管理行为——基于高管团队内和高管与员工之间薪酬的比较分析 [J]. 会计研究, 2014 (6): 57 - 65 + 97.

[24] 杨志强. 不公平厌恶偏好、产权基础与管理层薪酬契约研究 [D]. 2012. 暨南大学.

[25] 张为国, 王霞. 中国上市公司会计差错的动因分析 [J]. 会计研究, 2004 (4): 24 - 29.

[26] 张泽南, 马永强. 市场化进程、薪酬差距与盈余管理方式选择 [J]. 山西财经大学学报, 2014 (7): 91 - 104.

[27] ACHARYA V, MYERS S C, RAJAN R G. The internal governance of firms [J]. The journal of finance, 2011, 66: 689 - 720.

[28] AGGARWAL R., SAMWICK A A. The other side of the trade - off: the impact of risk on executive compensation [J]. Journal of political economy, 1999, 107 (1): 65 - 105.

[29] AJZEN I. Nature and operation of attitudes [J]. Annual review of psychology, 2001, 52 (1): 27 - 58.

[30] AKERLOF G A, YELLEN J L. The fair wage – effort hypothesis and unemployment [J]. The quarterly journal of economics, 1990, 255 –283.

[31] ARMSTRONG C S, JAGOLINZER A D, LARCKER D F. Chief executive officer equity incentives and accounting irregularities [J]. Journal of accounting research, 2010, 48 (2): 225 – 271.

[32] BAKER G, JENSEN M, MURPHY K. Compensation and incentives: practice vs. theory [J]. Journal of finance, 1988, 43 (3): 593 –616.

[33] BANKER R D, DARROUGH M N, RONG H, et al.. The relation between CEO compensation and past performance [J]. The accounting review, 2013, 88 (1): 1 –30.

[34] BEBCHUK L A, FRIED J M, WALKER D I. Managerial power and rent extraction in the design of executive compensation [J]. University of Chicago law review, 2002, 69 (3): 751 –846.

[35] BLOOM M, MICHEL J G. The relationships among organizational context, pay dispersion, and among managerial turnover [J]. Academy of management journal, 2002, 45 (1): 33 –42.

[36] BRYAN S, HWANG L, LILIEN S. CEO compensation after deregulation: the case of electric utilities [J]. Journal of business, 2005, 78 (5): 1709 –1752.

[37] BURKS J J. Disciplinary measures in response to restatements after Sarbanes – Oxley [J]. Journal of accounting and public policy, 2010, 29 (3): 195 –225.

[38] BURNS N, KEDIA S. Executive option exercises and financial misreporting [J]. Journal of banking & finance, 2008, 32

(5): 845 -857.

[39] BURNS N, KEDIA S. The impact of performance - based compensation on misreporting [J]. Journal of financial economics, 2006, 79 (1): 35 -67.

[40] CALL A C, CAMPBELL J L, DAN S D, et al.. Employee quality and financial reporting outcomes [J]. Journal of accounting & economics, 2017, 124 -149.

[41] CHAKRAVARTHY B S. Measuring strategic performance [J]. Strategic management journal, 1986, 7 (5): 437 -458.

[42] CHAKRAVARTHY J, DEHAAN E, RAJGOPAL S. Reputation repair after a serious restatement [J]. Working paper, Emory University, 2013.

[43] CHAVA S, PURNANANDAM A. CEOs versus CFOs: incentives and corporate policies [J]. Journal of financial economics, 2010, 97 (2): 263 -278.

[44] CHEN D, LI O, LIANG S. Perk consumption as a suboptimal outcome under pay regulations [J]. Asia - Pacific journal of accounting and economics, 2016, 23: 373 -399.

[45] CHEN H, CHEN J Z, LOBO G J, et al.. Effects of audit quality on earnings management and cost of equity capital: evidence from China [J]. Contemporary accounting research, 2011, 28 (3): 892 -925.

[46] CHEN R, GHOUL S, GUEDHAMI O, et al.. State ownership and corporate cash holdings: evidence from privatization [J]. Working paper, University of South Carolina. 2015.

[47] CHEN H, JETER D C, YANG Y W. Regulatory commitment to auditing: the impact of Sarbanes - Oxley on pay - perform-

ance sensitivity and managerial effort [J]. Working paper, Vanderbilt University. 2007.

[48] CHENG Q, FARBER D B. Earnings restatements, changes in CEO compensation, and firm performance [J]. The accounting review, 2008, 83 (5): 1217 - 1250.

[49] CHENG Q, LEE J, SHEVLIN T J. Internal governance and real earnings management [J]. Social science electronic publishing, 2012, 91.

[50] COHEN D A, DEY A, LYS T Z. Corporategovernance reform and executive incentives: implications for investments and risk - taking [J]. Contemporary accounting research, 2013, 30 (4): 1296 - 1332.

[51] CONYON M J, HE L. Executive compensation and corporate governance in China [J]. Journal of corporate finance, 2011, 17 (4): 1158 - 1175.

[52] CONYON M. J, HE, L.. "CEO Compensation and Corporate Governance in China." Corporate Governance: An International Review, 2012, 20 (6): 575 - 592.

[53] CONYON M. J, HE L. CEO turnover in China: the Role of market - based and accounting performance measures [J]. The European journal of finance, 2014, 20 (7 - 9): 657 - 680.

[54] CORE J, GUAY W. The use of equity grants to manage optimal equity incentive levels [J]. Journal of accounting and economics, 1999, 28 (2): 151 - 184.

[55] DAI Z, JIN L, ZHANG W. Executive pay - performance sensitivity and litigation [J]. Contemporary accounting research, 2014, 31 (1): 152 - 177.

[56] DEGEORGE F, DING Y, JEANJEAN T, et al.. Analyst coverage, earnings management and financial development: an international study [J]. Journal of accounting and public policy, 2013, 32 (1): 1-25.

[57] DESAI H, HOGAN C E, WILKINS M S. The reputational penalty for aggressive accounting: earnings restatements and management turnover [J]. The accounting review, 2006, 81 (1): 83-112.

[58] DOW J, RAPOSO C C. CEO compensation, change, and corporate strategy [J]. The journal of finance, 2005, 60 (6): 2701-2727.

[59] EFENDI J, SRIVASTAVA A, SWANSON E P. Why do corporate managers misstate financial statements? the role of option compensation and other factors [J]. Journal of financial economics, 2007, 85 (3): 667-708.

[60] ENGEL E, HAYES R M, WANG X. CEO turnover and properties of accounting information [J]. Journal of accounting and economics, 2003, 36 (1-3): 197-226.

[61] FENG M, GE W, LUO S, et al.. Why do CFOs become involved in material accounting manipulations? [J]. Journal of accounting and economics, 2011, 51 (1): 21-36.

[62] FINKELSTEIN S, BOYD B K.. How much does the CEO matter? The role of managerial discretion in the setting of CEO compensation [J]. Academy of management journal, 1988, 41 (2): 179-199.

[63] FIRTH M, FUNG P M, RUI O M. Corporate performance and CEO compensation in China [J]. Journal of corporate finance,

2006, 12 (4): 693 -714.

[64] FIRTH M, FUNG P M, RUI O M. How ownership and corporate governance influence chief executive pay in China's listed firms [J]. Journal of business research, 2007, 60 (7): 776 - 785.

[65] FIRTH M, RUI O M, WU W. Cooking the books: recipes and costs of falsified financial statements in China [J]. Journal of corporate finance, 2011, 17 (2): 371 -390.

[66] FRANK H, COOK P J. The winner - take - all society: How more and more Americans compete for fewer and bigger prizes, encouraging economic waste, income inequality, and an impoverished cultural life [M]. New York: Free Press. 1995.

[67] GENTRY R J, SHEN W. The relation between accounting and market measures of firm financial performance: how strong is it? [J]. Journal of managerial issues, 2010, XXII (4): 514 -530.

[68] GE W, MATSUMOTO D, ZHANG J L. . Do CFOs have style? an empirical investigation of the effect of individual cfos on accounting practices [J]. Contemporary accounting research, 2011, 28 (4): 1141 -1179.

[69] GORDON E A, HENRY E, LI X, et al. . Management Guidance pre - and post - restatement [J]. Journal of business finance & accounting, 2014, 41 (7 -8): 867 -892.

[70] GUNEY Y, LI L, FAIRCHILD R. The relationship between product market competition and capital structure in Chinese listed firms [J]. International review of financial analysis, 2011, 20 (1): 41 -51.

[71] GUO L, LIBBY T, LIU X K. The effects of vertical pay

dispersion: experimental evidence in a budget setting [J]. Contemporary accounting research, 2017, 34 (1): 555 -576.

[72] INDJEJIKIAN R, MATĚJKA M. CFO fiduciary responsibilities and annual bonus incentives [J]. Journal of accounting research, 2009, 47 (4): 1061 -1093.

[73] HALL B, LIEBMAN J B. Are CEOs really paid like bureaucrats? [J]. Quarterly journal of economics, 1998, 111: 653 - 691.

[74] HAB L H, VERGAUWE S, ZHANG Q. Corporate governance and the information environment: evidence from Chinese stock markets [J]. International review of financial analysis, 2014, 36 (6): 106 -119.

[75] HEALY M. The effect of bonus schemes on accounting decisions [J]. Journal of accounting and economics, 1985, 7 (1): 85 -107.

[76] HENNES K M, LEONE A J, MILLER B P. The importance of distinguishing errors from irregularities in restatement research: the case of restatements and CEO/CFO turnover [J]. The accounting review, 2008, 83 (6): 1487 -1519.

[77] HOSKISSON R E, JOHNSON R A, MOESEL D D. Corporate divestiture intensity in restructuring firms: effects of governance, strategy, and performance [J]. Academy of management, 1994, 37 (5): 1207 -1251.

[78] JAYARAMAN S, MILBOURN T T. The role of stock liquidity in executive compensation [J]. The accounting review, 2012, 87 (2): 537 -563.

[79] JENSEN M C, MURPHY K J. Performance pay and top -

management incentives [J]. Journal of political economy, 1990, 98 (2): 225 - 264.

[80] JIANG J X, PETRONI K R, WANG I Y. CFOs and CEOs: who have the most influence on earnings management? [J]. Journal of financial economics, 2010, 96 (3): 513 - 526.

[81] KATO T, LONG C. Executive turnover and firm performance in China [J]. The American economic review, 2006, 96 (2): 363 - 367.

[82] KE B, RUI O, YU W. Hong Kong stock listing and the sensitivity of managerial compensation to firm performance in state - controlled Chinese firms [J]. Review of accounting studies, 2012, 17 (1): 166 - 188.

[83] LAFFONT J, MARTIMORT D. The theory of incentives: the principal - agent model [M]. Princeton, Princeton University Press. 2002.

[84] LA PORTA R, LOPEZ - DE - SILANES F, SHLEIFER A, et al.. Investor protection and corporate governance [J]. Journal of financial economics, 2000, 58 (1): 3 - 27.

[85] LAZEAR E P, ROSEN S. Rank - order tournaments as optimum labor contracts [J]. The journal of political economy, 1981, 89 (5): 841 - 864.

[86] LIU Y, LU H, VEENSTRA K. Is sin always a sin? the interaction effect of social norms and financial incentives on market participants' behavior [J]. Accounting, organizations and society, 2014, 39 (4): 289 - 307.

[87] LOBO G J, ZHAO Y. Relation between audit effort and financial report misstatements: evidence from quarterly and annual re-

statements [J]. The accounting review, 2013, 88 (4): 1385 - 1412.

[88] LUO W, ZHANG Y, ZHU N. Bank ownership and executive perquisites: new evidence from an emerging market [J]. Journal of corporate finance, 2011, 17: 352 - 370.

[89] MA C, ZHANG J, YANG B. Financial restatement and auditor dismissal [J]. China journal of accounting studies, 2015, 3 (3): 209 - 229.

[90] PARK K. E.. Pay disparities within top management teams and earning management [J]. Journal of Accounting and public policy, 2017, 36 (1): 59 - 81.

[91] SMITH C, WATTS R. The investment opportunity set and corporate financing, dividend, and compensation policies [J]. Journal of financial economics, 1992, 32 (3): 263 - 292.

[92] VOULGARIS G, STATHOPOULOS K, WALKER M. IFRS and the use of accounting - based performance measures in executive pay. The international journal of accounting, 2014, 49 (4): 479 - 514.

[93] WATTS R, ZIMMERMAN J L A.. Positive accounting theory [J]. Social science electronic publishing, 1986, 14 (5): 455 - 468.

[94] WANG Q, WONG T J, XIA L. State ownership, the institutional environment, and auditor choice: evidence from China. Journal of accounting and economics, 2008, 46 (1): 112 - 134.

[95] WU L, WANG Y, LIN B X, et al.. Local tax rebates, corporate tax burdens, and firm migration: evidence from China

[J]. Journal of accounting and public policy, 2007, 26 (5): 555 – 583.

[96] WU Y. Productive versus innovative inefficiency in China's state enterprises [J]. Working paper, Chinese academy of social sciences. 2015.

[97] XU N H, LI X R, YUAN Q B, et al., Excess perks and stock price crash risk: evidence from China [J]. Journal of corporate finance, 2014, 25: 419 – 434.

[98] ZHANG W, CAHAN S F, ALLEN A C.. Insider trading and pay – performance sensitivity: an empirical analysis [J]. Journal of business finance & accounting, 2005, 32 (9 – 10): 1887 – 1919.

[99] ZHANG X, BARTOL K M, SMITH K G, et al.. CEOs on the edge: earnings manipulation and stock – based incentive misalignment [J]. Academy of management journal, 2008, 51 (2): 241 – 258.